ぼうずコンニャクの
全国47都道府県うますぎゴーゴー！

藤原昌髙　著

マイナビ

ぼうずコンニャクの全国47都道府県うますぎゴーゴー！　目次

築150年という古い商家の造りで本瓦葺き、卯建が上がる。

序章に代えて　『飯田食堂』（徳島県美馬郡）

お気楽な旅グルメの本のつもりではあるが、はじめに、ボクの信条というか旅の目的のようなものを述べておきたい。旅はタイムマシーンかも知れない。世にあるもの総てがいつかは消え去る、それが日本のみならず宇宙の理だと思う。ただ、古い街並みや食べ物、風習などなどが確実に消え去りつつあるが、その消滅の速度が地域地域によって違う。ボクの旅は食文化を調べる旅ではあるが、その懐かしいものを探す旅でもある。

食堂などは調べないで店の雰囲気で入店するので、なかなかいい店には出合えない。正直なところうまい店は十店舗に一軒あるかないか、ボクのウマスギ旅は打率一割以下でしかない。ただ、うまい店に当たったら箸が止まらない。こんなときの口癖が「ウマスギ」、ボクの年代がノリノリになったときの合い言葉「ゴー！　ゴー！」だ。これを本書のタイトルにした。

当然、専門分野である水産物を見て歩くのもあるが、自分自

昔は剣山に向かう登山口で、葉タバコの集散地でもあった。

身のなかにある古い情景から浮かぶ思いを募らせながら、日本各地の現を歩く。

自分の生まれた町って不思議だな、と思い始めたのは上京して歴史書や民俗学の本を読み始めてからだ。我が町がなぜできたのか？　いろいろ調べてもわからないのだ。ちなみにこの場合の「町」は非常に狭い地域をさす。

例えばボクの祖母は明治後期生まれだが、吉野川支流の貞光川河口域（JRの線路から南側）の住宅地と東西にある山の標高の低いあたりを「町」としていた。実はここには産業がない。江戸時代以前の輸送手段（鉄道）が吉野川だったとしたら主要な船着き場がない。昔、吉野川は貞光側（南岸）に蛇行していたので土地も狭く、農業も盛んではない。あえていえば周辺が葉タバコや材木の主産地であったくらいが町の成り立ちかも。

商店街が我が町の顔だと思うのだが、鄙に限っての話ではあるが人口の少ない町にあってこれほど商店街が発達している地域は少ないだろう。しかも街並みを形成する家々は全国的にも珍しい江戸時代中期から明治期、大正期に建てられた二層の卯

徳島うどんは煮干しだしに刻んだ油揚げ、赤い蒲鉾が基本。

建の上がる本瓦葺き建築だ。郵便局はギリシャ建築を模したものだったといわれ、繁栄していた時期があったことは確かだ。

商店街生まれのボクの子供の頃、この小さな町にもたくさんの食堂があった。映画館もあった。古くは演劇場、花柳界的なものもあったようだ。子供の社交場、お好み焼き屋など街角に必ず一軒や二軒はあった。この頃のボクの商店街での贅沢は食堂で中華そばかお好み焼き、かき氷を食べることだった。

この個人営業の食堂（料理店）がすさまじい勢いで日本全国から消えてなくなっていく。その最大の敵は、無謀な区画整理をする経済至上主義者とチェーン店、そしてコンビニ、スーパーだ。だから、できる限りチェーン店で食事をしない。できる限り個人商店で買い物をするのがボクの信条でもある。

ボクの生まれた町に残る食堂は『飯田食堂』一軒だけになってしまった。だから帰郷すると必ずここに寄る。

お気に入りは徳島県人の昼飯の定番、【うどん】＋【すし】である。すしは【ちらしずし】と【きつねずし（東日本では稲荷ずし。西日本では稲荷ずしなどとは口が裂けても言ってはな

【きつねずし】の油揚げはあくまでもあっさりとした味つけで、すし飯には何も混ぜ込まないというのが徳島の基本。

徳島の【ちらしずし】は本来家庭料理でお祭りに作るもの。徳島生まれには懐かしい味。

らぬ)】がある。ちなみに県内では京・大阪ずし(巻きずし、押しずし)や魚の姿ずしを出す食堂も多かった。

どうしても懐かしさを優先するので、定食など新しいものは食べないが、最近やけにこの店の定食の人気が高いようだ。

さて、【うどん】は煮干しだしだ。ちなみに香川、徳島はうどんに関しては共通点が多い。「讃岐うどん」などと言うが、昔、徳島と香川のうどんにはまったく差はなかった。たぶん香川のうどんも腰のあるもの、軟らかいものとか多様だったはずなのに、一括りにされて迷惑だ、と思っていないか。普通の日常的な、またより土着的な店屋物的な【うどん】があったわけで、それが消滅の危機にある。世の中にはやたらブームを作り出して偉そうにしているヤカラが多いが、実は地域ならではの特徴を絶滅の危機におとしめている卑しい存在なのだ。

基本的具材は、「板つけ(赤い蒲鉾)」もしくは生の「ちっか(甘めの竹輪)」、青ねぎ、刻んだ油揚げだ。だしも具材も昔ながらの【うどん】、そして【すし】を食べるとほっとする。【ちらしずし】には「ちっか(ちりめんにすることもある)」、

日本全国の食堂で普通に作られているしょうゆ味の中華そば。

卵焼き、ゴボウ、「さんどまめ（三度豆／未成熟のインゲン）」、にんじんが基本だ。徳島県には煮た大正金時を散らす地域もある。貞光の町家ではやらなかったと思う。【きつねずし】は三角形（キツネの耳型）で白いすし飯（具を入れない）というのも古い習わしなのだ。

徳島西部の中華そばはしょうゆ味で鶏ガラスープ（頭部は豚骨濃厚スープだ）というのが基本。なぜなら徳島県西部は昔から養鶏が盛んだからだ。この単純で懐かしい【中華そば】もいい。考えてみると初めてオムライスを食べたのも、商店街の食堂だった。寒い時期にはおでんもある。ごぼ天、あげ（厚揚げ）、ゆで卵などは県内ではいたって普通の種ばかりだが、ぜひ食べてもらいたいのがじゃがいもである。

貞光の町から四国第二の山、剣山に向かう途中にあるのが一宇村、ここに平地はほとんどなく、畑地はおろか住宅まで山の斜面にへばりつくようにある。ここでとれる根菜類は無類の味である。例えば貞光町内にいる人間はほぼ総てが一宇村のじゃがいもを手に入れたいと思っているはず。特徴は長

卵焼きはとろっと柔らかくなく、香ばしく焼き上げている。

く煮ても煮崩れないことだ。しかも味がある。これで「煮っ転がし」などを作った日には腹がはち切れそうになっても、まだ箸が止まらぬはずだ。

東京暮らしは四十年を超えているが、しきりに『飯田食堂』の昔ながらの店屋物が食べたくなる。これは決して身びいきではない。無用な影響を受ける前の味を楽しみたい。

明治期、まだ貞光村であったときの建物、そのままの店屋物（料理）のいかに貴重であるかをわかっている人は皆無だろう。これは国内総てに言えること。いまだに地域力（その土地を特徴付けるものの多さ＝力）を理解する人が少なすぎる。外国のシステムを金だけのために移入する、生産性だけを追い求める。日本人は愚かなほど勤勉なので、この大間違いを盲信してやり遂げようとするから困る。

この国の文化や風習を捨てない。街並みなどを維持する（破壊しない）のがこの国の国際化だと思うがどうだろう。ということで、いざ旅にいでけん。

『池田』の「昼飯」（北海道白老町）

旅はすべて水産物に出合うためのものだ。当然、この日の朝も室蘭の魚市場を歩いていた。初夏だったのでエゾバフンウニとキタムラサキウニが山盛りになっていた。見ていたら仲買の皆さんが割っては味見させてくれるが、その量たるや軍艦巻きにしたら何十かんになるかわからない。

「ウニだけで腹一杯になりそうだ！　ご飯が欲しい！」

めぼしい魚を何点かお願いし、自宅まで送ってもらった。そのまま白老の虎杖浜まで函館本線で向かう。ホッキガイ（ウバガイ）、白貝（アラスジサラガイ）の水揚げを見ていると、いつの間にか正午を過ぎていた。

「行きましょう」

知り合いの仲買さんの車に乗ることほんの数十分のところに『池田』はあった。「爐ばた焼き」と「名代　生そば」という文字もある。どっちなんだ？　と聞くと「ただのうまい食堂です」とのこと。メニューを見るとうどんもそばもあるが、明らかに魚介類の料理が多い。

室蘭の市場に大量に並んでいたエゾバフンウニ。割ると生殖巣が飛び出てくる。

ナメタの煮つけの味付けがいい。目抜け（オオサガ）の大きさにびっくり。キタムラサキウニなど。

ご馳走していただけるようなのでお任せする。

「目抜けあります。ああナメタもあるんだ。両方。刺身は任せます。ウニも味見程度に」

この店のテーブルは大きいが、料理がやってくると狭く感じる。それほど迫力のある料理が勢揃いした。普段は昼飯は魚じゃない方がいいのだけど、朝ご飯が肉じゃがだったので、この日だけは魚系がうれしい。

まずは頭半分のデカイ目抜けのあら煮からいくしかないだろう。標準和名はオオサガといい、昔は足で蹴っ飛ばすくらいに安かった魚だが、今や本マグロをしのぐほどの高級魚である。深海性の魚ならではの独特の脂で、やたらに味が濃い。ついつい夢中になって皿を抱えてわっしわっしと攻める。ご飯を食べる暇がないほどにウマスギ！　ゴー！　ゴー！　だ。

刺身はマツブ（エゾボラ）、ホッキガイ（ウバガイ）、ミズダコ、マグロ（クロマグロ）、マゾイ（タヌキメバル）、ヒラメの縁側である。これを種類毎にご飯の上にのせてかき込む。六種類でご飯二はいが消えた。

ホッキガイが文字に出来ないほどうまかった。白老・苫小牧産は日本一との評価があるが、まさにまさに頂点の味わいである。身（足）に厚みがあって甘い。

意外にもマゾイがうまい。三枚一度に口に放り込んだら、舌の上でうま味と甘味が爆発。食感も心地よい。次は味見程度のウニだが、さらりと軽い味わいなのでキタムラサキウニとみた。これだけでご飯がまたなくなるが、真打ちはまだ登場していない。最後に箸をつけたナメタ（ババガレイで北海道ではブタガレイ、アブクガレイとも呼ぶ）に驚愕した。まさに練り絹のような舌触りの上品な身質に、イヤミのない甘味。

死ぬ前に極上トンカツとナメタの煮つけ、どっちを食べたい？　と聞かれたら、「ナメタください！」と今なら言うだろうと思った。大食いして動けなくなったのを仲買のＦさんに背負われて、駅へ。

室蘭本線を千歳空港まで向かう。右手は太平洋だ。

マツブ（エゾボラ）、ホッキ（ウバガイ）、クロマグロ、ミズダコにヒラメ、マゾイなど。

『若鶏時代 なると本店』の「若鶏半身揚げ定食」(北海道小樽市)

小樽には「市場(マーケット)」を見に行った。「市場」といっても市など行政が管理する卸売市場ではなく、民間の小さな「市場」だ。市内に無数に点在する。観光客目当ての市場もあるが、小樽にはまだまだ市民のための、生活に密着した市場があり、そこには小樽ならではという水産物も多いのである。小樽本来の食文化を見ることが出来る。小樽駅から坂をほんの数分下ったところにあるのが中央市場だ。大きな市場だが残念ながら店仕舞いした店が多い。それでも元気のいい鮮魚店や総菜屋さんがあって小樽市民の普通の生活が見えてくる。

市場を歩いている内にボールペンを落としてしまった。困っているときに「使ってないのでこれをどうぞ」と助けてくれたオヤジサンがいて、仲良くなった。ついでに「いつもお昼ご飯はどこで食べていますか?」と聞いた。それが『若鶏時代 なると本店』である。

「半身揚げうまいよ。週二回は行くね」

買い物中のオバアサンが、うんうんとうなずきながら、

「ざんぎ(鶏切り身の唐揚げ)もいいし、おすしもおいしいわよー」

ショーケースの中のサンプルにわくわくする。

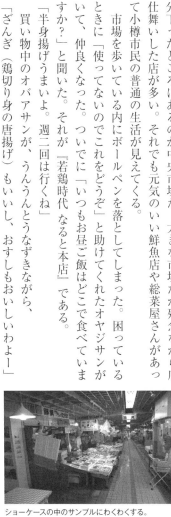

ただ、魚介類を調べに来て鶏の唐揚げを食べていいのだろうか？　考えるよりも空っぽの胃袋が「あっちだよ。市場を出たらすぐだから」と指さす方向にボクを急がせた。市場を出ようとして困った。「あっち」ってどっちだろう？

市場の入り口付近にいたオネエサンに尋ねたら、口で言うよりも早いからと連れて行ってくれた。小樽中央市場の方はみなとても親切である。

店の前にショーケースがあって食品サンプルが並んでいる。【えびエッグ】というそそられるメニューがある。

座るとすぐにやって来た店員さんに、親切なオヤジサンに教わった【若鶏半身揚げ定食】をお願いした。これが大失敗であることにすぐ気がついた。品書きを見ながら考えてみると、まず若鶏半身揚げで生ビールをやる。仕上げにオムライスがよかったのだ。今なら変えても大丈夫かと思っていると、奥でじゃーっと音がする。しかもそれほど待つこともなく、それはやってきた。

ボクは店の奥のすしのネタケースの前にいたのだけど、その握りも普通のものではあるが、悪くないように見える。腹の減りすぎは三文の損、とはいうけれど、後悔しながらかじりつい

最近、この昔ながらの食品サンプルが並ぶ店にとても惹かれる。

若鶏の唐揚げがあまりにもうまいので、ご飯を置いてけぼりにしてしまう。

た半身揚げがやたらにうまい。ご飯の上に乗せて食べるが、これが意外なことに相性が悪い。でも周りでは、みなおいしそうにご飯のおかずにしているのだ。半身揚げでご飯に箸が伸びないのはボクだけの問題であるようだ。

表面の香ばしさと相まって、内側にはうま味豊かな肉汁がたっぷり満ちている。空腹感は頂点にあったが、これなら満腹で食べてもとてつもなくうまいと思う。半身揚げが骨だけになるのに、それほど時間はかからなかった。骨の周りをしゃぶりながら、半身揚げをもう一皿追加するべきか考えに考えて、追加した。結局二つめの半身揚げも、単体で食べてしまって、残ったのは冷や奴と漬物とみそ汁にご飯となり、不満たらたらで定食を食べ終わる。

「おーーーし、半身揚げもういっちょう」

といきたいのを我慢して店を出た。

『民宿 みやの』の「晩ご飯」（青森県佐井村）

大広間に座卓。大量に並んだ皿に食べきれるか心配に。結局完食。

下北半島は初めてだ。長年、十二月初旬の解禁直後のタラ漁（タラにはスケトウダラ、マダラの二種があるが、ここでは大型になるマダラだ）を見たいと思っていたのだ。

タラは普段は水深二百メートル付近にいて、産卵期の十二月から三月にかけて、浅場である陸奥湾に上がってくる。腹には白子（精巣）、真子（卵巣）を抱えている。牛滝港には十一時間かけてたどり着いた。港は陸奥湾の入り口にある。次々にタラを満載した船が入ってくる。雄と雌が選別されて雌はダンベ（大型容器に放

2019年12月、牛滝漁港はマダラの豊量に湧いていた。

り込まれる)、高級魚でもある雄はていねいに発泡の箱に入れられる。箱入り娘ならぬ息子だ。雄自体が高いわけではなく、腹に抱えた白子が高いのだ。夢中で撮影していたら、船主の武内英輝さんに見事なタラをいただく。

「宿に持って行って食ってみろ」

意外なことに南部藩の影響を受けている下北半島はあまり訛りが強くない。津軽地方を旅して言葉に困るのとは大違いである。

下北半島の「じゃっぱ汁」は塩味で実に上品な味だ。

これがサザエの壺焼きだったらがっかり、焼きつぶでうれし涙。

牛滝港から北上する。民家はほとんどない。小さな港があり、道沿いに民家が目立ち始めたなと思ったところが、佐井村の中心地域だ。

『民宿 みやの』は村の入り口にあった。待ち遠しいのは夕食である。庭先のオカミサンに渡したタラがどうなるかと思うだけでワクワクする。

さぞや「たらづくし」と思っていたら、料理はとても多彩であった。並びに並んだ料理は下北半島ならで

とれたてのマダラの味は文字にできない。官能的＆セクシー。

はの海の幸が満載。酒は弘前市の「豊盃」だ。

最初は「じゃっぱ汁」だ。汁は強いうま味に満ちている。こくがあるのに後味が爽やか。タラの身がとても甘い。まさかの汁で冷酒が最高。

白子も、まだ生きているような個体から取り出したものなので、上質のクリームのような甘味と魚のうま味があいまって、口の中で消える。もの足りなく感じて、また一箸口に入れると消える。思わず昇天しそうな味である。冷酒をお代わり。

ホヤ（マボヤ）は青森流である。刺身にする前にていねいに洗ってある。春にはここに山菜のミズが添えられる。サザエの壺焼きならぬ「焼きつぶ（ヒメエゾボラ）」というのもうれしいね。

ニシンの「みそ漬け」、「たらこの醤油漬け」、ホタテ、並んだ料理があっと言う間になくなる。

お後は「ふのり（フクロフノリ）のみそ汁」、大根醤油づけで、飯三杯。ウマスギゴーゴー！

濃厚なスープは濁ってくどく感じるが、コショウを振ると味が軽くなる。

『たかはし中華そば店』の「中華そば」（青森県弘前市）

青森は麺類天国だ。ラーメンでは煮干しのきいたもの、しょうゆで真っ黒なものと様々なタイプに出合った。

そばのつなぎに呉汁（大豆を戻してすりつぶしたもの）を使った「津軽そば」は、そばのようでそばではなかった。

青森県内を水産物探しでたどり着いた鰺ヶ沢町の漁師さんから、子供の頃から食べていたという店を教えてもらった。弘前の『たかはし中華そば店』だった。

「昔は週に三、四回行っていたくらいです（要約です）」

それは弘前市の市街地の北にある撫牛子《ないじょうし》（これは明らかに蝦夷の言葉だ）にあった。開店と同時に入ったのに満席。やって来た【中華そば】は、しょうゆ色のスープがどろりと濁っていた。すすると濃厚な煮干しのうま味、苦みと、正体不明の味が重なって感じられる。うまいが、あまりにも濃厚すぎる。麺が太めなのでやたらにスープがからむ。

考えてみると青森の食べ物は甘すぎるか、塩辛いかのどちらかだ。要するに青森県人はインパクトの強い味が好きだとも言えそうだ。コショウを振り入れるのを忘れていた。さらさらと振り入れると味が一変した。強すぎて救いのない味が、かなりウマスギに。仕舞いにはこの濃厚な味の虜になった。ここに住んでいたら週二で来てしまうかも。

『民宿 六大工』の「どんこ汁」（岩手県大槌町）

見た目はいかにも宿の典型的な夕食だが、素材がいいのと味つけがいい。

岩手県大槌町は東日本大震災でもっとも深刻な被害を被った地だ。当然今、震災復興こそ最重要課題だが、今回はテーマを「大槌の新鮮な魚貝類がいかにうまいかを多くの方に知って欲しい」に絞る。

さて、被災地に行っていちばん困るのが宿泊場所だった。ここ『六大工』は当地の方が探してきてくれた民宿で、漁師さんがやっていることや、震災前、同町安堵という場所で味のいい民宿として人気があったということを聞いた。

丸一日、被災地を回り、人に会い、心も体も疲れ果てて宿に帰り着いた。待ちに待った夕食は大きな食堂で食べた。広い食堂の総てのテーブルが埋まっているが、みな復興事業に従事している方たちだ。まずはビールで生き返る。

大槌漁港での水揚げ。ヤリイカ、サケ、マイワシ。

テーブルの上には乗りきらないほどのおかずが並ぶ。アワビのつのわたの塩辛である「としろ」、ヤリイカとサケの刺身は地元のものだが、それ以外はいたって平凡なものばかりだ。などと思って食べたら、平凡に見えるが、すべて吟味されたものばかりだった。そこにオカミサンが運んできた「それ」を一口するや料理民宿だったときの底力、すごみが脳天にガツンときた。

ふわふわとしたものが浮かぶ。それを口に入れるとふんわりとろけて甘い。これはまさしく「どんこ（エゾイソアイナメ）」の肝。

三陸名物の【どんこ汁】がこんなにウマスギだったとは長年水産物を調べているが知らなかった。椀の底には上品な白身である本体が沈んでいて、上品な味わいの中に魚らしい風味がある。

「こーりゃたまらん、たまらん、たまらん坂だ！」

ボクはうまい汁こそが最上の酒の肴だと思っているので、熱燗をお願いして、汁、酒、汁とやり「たまらんなー」とうなる。

あちらこちらから、「うまいなー」と雄叫びが聞こえてきた。

ウマスギ！　を食らうと人は野性が蘇ってくるのだ。汁で酒、ローストビーフや陶板焼きでビールを、「としろ」で岩手の銘酒

↑エゾアワビの肝（つのわた）の塩辛、「としろ」に酒がすすんで困る。
←ふわふわと肝浮かぶどんこ汁はみそ仕立て。飲み口は軽くあっさりしているが肝のうまさにビックリ。

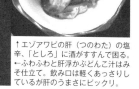

「龍泉 純米吟醸八重桜」を飲む。被災した方には申し訳ない気持ちがいっぱいではあるが、あまりのうまさに理性なんてものが淡雪の如く消え失せた。

蛇足の蛇足だが、仕舞い際の〝漬物で三杯飯〟は余分だったかも知れない。ただ、要するに米(ご飯)もやたらにうまかったのである。

水揚げしたばかりのヤリイカの刺身は温かいご飯の上でまだ動いていた。

さて『六大工』のウマスギはこれだけではなかった。翌朝、大槌漁港に魚の水揚げを見に行った。定置網の船がサケを満載して帰ってきた。巻き網のマイワシも大漁である。ご主人も魚を仕入れに来ていたのだが、居並ぶ水揚げの船にひょいひょいと乗り込んで、まだ生きているヤリイカを二〜三ばい仕入れてきてくれた。

早朝からの水揚げを見るということは、朝ご飯抜きということだ。しかも水揚げを魚の同定をしながら見るのはハードなのだ。宿に帰り、遅い朝ご飯を食べていると、さきほどのヤリイカが刺身になってやってきた。これに生じょうゆをかけ、ご飯にのせた。さて何杯のご飯を食べたでしょうか? 誰にも教えたくない。

次回はただの観光客として大槌町に来たい!

市場の社員食堂っておいしいのよ……

社員食堂の非常に真面目な朝ご飯。左の「ほやの水もの」はホヤとホヤから出た汁、昆布だしであっさり味。右の津軽海峡産のマフグの汁も最高。

『青森魚類』に乱入（青森県青森市）

たぶん四十七都道府県総ての市場にお邪魔していると思う。もちろん市場に行ったら市場飯だ。市場の食堂は市場関係者というか市場を運営する会社の社員も、買い出しの方も、ときに一般人も食べることができる。

そんななか秘密の花園的な食堂がある。市場運営者（荷受、もしくは大卸）の社員食堂である。

市場の食堂と言えば、築地場内（現豊洲）などの食堂はかなり前から市場を運営する人も、利用する人からも離れて、まるで観光施設のようになってしまっている。

これでは市場飯ではない。市場グルメだ。青森中央卸売市場は未だに市場人のための飯どころがある。荷受『青森魚類』の社員食堂も、比較的だれでも利用できる、『市場食堂』もうまい。そして市場ならでは、出てくるのが早い。『青森魚類』の社員食堂に行くと、お決まりの定食が出てくる。一見、普通の朝ご飯なのだけど、少し違う。

春から夏だと、「ほや（マボヤ）」の水物が出てくる。角皿は塩ザケかなと思ったら太平洋側で作られる「塩引き鮭」であったり。ご飯をお代わりすると「ふぐ汁（マフグ）」が来たり、おかずを追加してくれたりと、実にありがたい。

優しいオカアサンたちが「またこいへ」なんてね。

『斎太郎食堂』のいろいろ（宮城県石巻市）

石巻市は水産物を調べる上で絶対に外せない場所だ。例えば、石巻魚市場には、太平洋の遙か東沖の遠洋ものなどを含めて、膨大な水揚げがある。また魚市場のバックヤードにたくさんの大きな水産加工会社がひしめきあう、水産都市といっても過言ではない。この巨大な漁港の水揚げ、競りを見るのはとても大変である。「おーいギンザケの競りが始まるぞ」と言われてたどり着くと息が上がる。

太平洋東沖のソコダラ類（珍魚中の珍魚がいっぱいいる）、ツボダイ（クサカリツボダイ）、イラコアナゴなどのダンベ（大型の魚などを入れる水槽）が並び、珍しい近海のギンダラ（ほとんどがアメリカ、カナダなどからの輸入もの）、きんき（キチジ）、マボヤ、それと金華山沖で揚がるサバ（マサバ、ゴマサバ）などなど、見たいものが多すぎて頭が混乱する。

競り場の片隅で養殖マボヤの洗浄が行われているのを見ていたら、案内してくれた方が「ご飯食べに行きましょう」とうれしいことを言ってくれる。そこは典型的な市場の食堂だった。

定食類にカレーやチャーシュー麺などの単品もたくさん揃っていて、目移りして困った。なんとなく焼き飯（チャーハン）が食べたくなるが、一品だけでは絶対にイヤだ。

日本屈指の巨大な市場で、端から端が見えない。

案内してくれた水産加工の『天祐丸』さん（ボクの先生でもある）や市場の方に「何にしますか?」と食券の券売機の前で聞かれるが、決めかねる。息苦しいほどに決められない。
「ぜんぶ頼めばいいじゃないですか」
「まさかねー」

ギンダラのかまは脂がのっていて、職員の方も次々に注文していた。

微かにしょうゆ味を感じるチャーハンは彩りもキレイだし味もいい。

ええい、いったれ！　と【焼きめし（チャーハン）】と【ギンダラのかま定食】にする。食券を出すとやさしい東北のオッカサンがすぐに定食を出してくれた。食べている間に焼きめしがきた。

通称「銀かま」は標準和名ギンダラのかまの部分だが、これはたぶん輸入ものだ。石巻はアメリカなどからマダラやギンダラを輸入し加工している。だから食堂メニューに「銀かま」があるのは当然なのだ。例えば「きんき（アラスカキチジ)」があるのも当然だが、近海で「きんき(キチジ)」がまとまってとれるのも石巻の魅力だろう。煮つけや焼き物にしてうまいギンダラのなかでも、かま(胸鰭周辺)がいちばんうまい。つけあわせのカツオの刺身は見た目は悪いが味がいい。気仙沼、石巻、塩釜とマグロ族(カツオやマグロなどサバ科の赤身魚)を国内でももっともよく食べる地域なのだ。

わっしわっし、と定食を平らげ、焼き飯を一口。これが実に懐かしい味わいである。赤いなるとをサイコロ状に切るという斬新さがすごい。この赤や緑の派手なところも東北らしいところなのだ。市場食堂は市場人には家庭の延長線上にあるので、市場飯は飾り気のない方がいい。

「ウマスギでもう動けません」

午後は石巻の街をくまなく歩いた。笹かまぼこにおいしい定食などなど、丸々一日、ウマスギだった。

この文章を書いたのは二〇〇八年だ。大震災が二〇一一年三月にあって、町も市場も壊滅的な被害を受けている。

石巻魚市場は二〇一五年に新しくなり、『斎太郎食堂』も休業のあとに市場から少し離れた場所で営業している。石巻の町を支えている水産加工業も徐々に回復しているので、できるだけ早く石巻に行かなくてはダメだ。またあの懐かしいオッカサンの声を聞きたいし、おいしい朝ご飯を食べたい!

震災前の石巻魚市場と『斎太郎食堂』の看板。

西馬音内のそばめぐり（秋田県羽後町）

西馬音内の老舗『松屋』の冷やがけそばは煮干しだしでそばの味が強い。

真夜中の東北自動車道が事故で通行止めになったために一般道を行く。凍りついた道路を行くのは恐い。地吹雪が舞い視界が悪かったのが横手盆地に抜けると青空が見えてきた。夜が明けるとすぐに横手市雄物川町の佐藤正彦さんたちの「ためっこ漁」の取材をする。

雄物川の「ためっこ漁」は雄物川町にだけ残る。

取材後、羽後町西馬音内を目指す。ここは秋田県屈指のそば処だ。雪の河原に数時間いたので指先がちぎれるほど痛い、それなのに食べたいのは【冷やがけそば】だ。

雪の中、まずは前回にも来た『松屋』に行く。地元の方曰く、もっとも西馬音内らしい味だとのこと。ほぼ半年ぶりの【冷やがけそば】をほんの一分足らずで汁一滴残らず平らげる。煮干し（青森県などで作られているカタクチイワシもしくはマアジの焼き干しかも）だしの汁が実にウマスギだ。冷たいそばに冷たいそばつゆをかける、これが【冷やがけそば】。

どう見てもただの【冷やがけそば】だが中華麺というのが面白い。

横手市増田町にも同じ【冷やがけそば】があった。秋田県南（南という文字に欺されてはいけない。秋田県南部は超がつくほどの山間部なのだ）でそばというと、これが基本形かも知れないと思い始めている。考えてみると秋田では温かいそばをまだ食べていない。

太りすぎのオヤジは勇んで二軒目を目指す。西馬音内は小さな集落である。そんなところに十軒以上のそば屋があるのは奇跡だ。雄物川町で雪下ろしをしていたオバチャンに教わったのが、『彦三』である。大きなかき揚げで有名だとのことなので、「冷やがけ」と合わせようとしたら、不思議なものを発見した。【冷やがけ中華】である。注文を聞

さくさくかりっとしていて春菊の香りがいい。

きに来た女性に【冷やがけ中華】とは？　と聞くと、

「そばの代わりに中華麺が入ってます（完全無欠の秋田弁だが再現できないので悪しからず）」

「じゃあ、かき揚げと【冷やがけ中華】をまずください。後でそばも」

これはそば粉のそば。つゆの味わいはカツオ節だと思うが非常にうまい

ボクの前に三人家族が座っている。その小学生が「二杯も食べるんだ（標準語）」とこちらを見て話している。ひそひそ話だが、丸聞こえである。目が合った。

「二杯も食べるんですか？」

その男子は希に見る美人のお母さんと三人連れ。

「いやその、これは仕事でね。仕方なしにね。ハハ、ハ」

ストレートな中華麺にしょうゆ色の汁がかかり、長ネギがのるだけのシンプルなものであった。一口するとカツオ節の風味が感じられるが、より濃厚な味だ。カツオだけではなく混合節（サバやムロアジ、ウルメイワシなどとカツオ節を混ぜたもの）かも知れない。冷たいしょうゆ味の汁がからんで中華麺が喉にするすると消えていく。

かき揚げもさすがに名物だけのことはある。青いのは春菊だったが、サクラエビ（干したもの）とそばの実入りだ

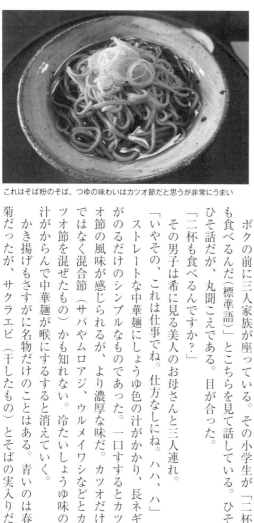

という。爽やかな春菊の香りが口中に広がっていく。濃厚なしょうゆの風味（塩分濃度は低い）にのどごしのいい中華麺、サクサクのかき揚げが一緒くたになりウマスギ洪水である。

青森県は麺王国だと思っていたのだけど、秋田県も負けていない。それじゃー、山形はどうなのよと言われると困る。東北は丸々麺ランドなのだ。秋田には中華のようで中華ではないスープもあるし、中華麺なのかそうめんなのかわからない、というものまである。

「ひゅええええええーーーー、もうない。お母さんボクまだ一口しか食べてない（改めて書いて置くが標準語だ。とすると観光客か？）」

小学生の男子が指さしておののいている。その横にいる美しすぎる母親もだ。いい年してカッコ悪くないか？　ワシ。

言い訳しようかと思ったところに【冷やがけそば】が来た。見た目は【冷やがけ中華】に似ているが、すすると間違いなくそばの風味がする。

そばを半分食べて、半分だけ残っていたかき揚げを浸し、崩してそばとともにたぐる。小学生を脅かしてはいけないので、こんどはゆっくりと食べて、最後の一滴たりとも残さず、丼をあける。

これなら【にしんそば】もいてこましたろうかい、と思ったが目の前の三人の目線が気になり断念。さて、次はどの店を目指そう？

外は大雪である。今夜の宿、横手までの雪道が恐い。

北国特有の二重扉の向こうは別世界の暖かさだった。

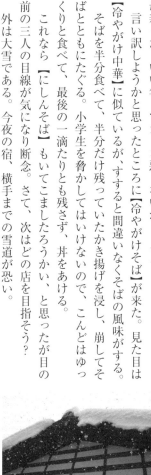

『麺屋酒田inみなと』の「朝ラ」（山形県酒田市）

初夏、我が家から酒田市へは車で六時間ほど。早朝五時過ぎに山形県漁協の競り場に到着する。市場の方に挨拶して、競り場に並ぶ魚を見て歩く。名物のイワガキはまだ少ないようだ。エゾアワビが発泡の箱の中で軟体を揺り動かしている。マダイが多い。最近、マダイの産地が北上傾向にあり、東北日本海側で大漁続きなのだ。

競りの前に市場脇で、天ぷら全種のせのそばをたぐっているのに、また空腹感が蘇ってきた。腹をクウクウ鳴かせていると、地元の方が「朝ラに行きましょ」と声をかけてくれた。ついていくと漁協の競り場から歩いて行ける距離にあったのが『麺屋酒田ｉｎみなと　みなと店』だ。店の前には行列が出来ていた。

「ここは夜明け前からやってて、ぼくらよく朝ご飯を食べに来るんです（酒田弁で再現不能）」

「あの、酒田と言えばわんたん麺ですよね」

「違います。酒田のラーメンは複雑でごっつ奥が深いんです」

店内に入ると、いかにも今どきのラーメン店だった。でも酒田市というラーメン店の超密集地で、その上、自称「酒田ラーメンの生き字引」三人が選ぶ店がまずいわけがない。【ラーメ

酒田市の庄内漁港での競りの風景。活気がある。

スープなどラーメン自体はあっさり系。脇のレンゲに背脂が。

澄んだスープは非常にうま味が強く、背脂を入れてもさっぱりした味。

ン】はなんとワンコイン（二〇一四年当時）だった。市場人が毎日通うのがわかる気がする。

　待つほどもなくやってきた。スープはしょうゆ色には染まっているが透明感があって澄んでいる。チャーシューが三枚肉で直方体をしているのがユニーク。

　と、正面の酒田っ子を見ると、れんげに入った豚の背脂をどろりと丼の端っこに流し込んでいる。

「いきなり全部ですか？」

「一個所に油を置いて適当に溶かしながら食べるのが好きなんです」

　ボクもまねて油をどろりと丼の端に流し込み、開いたれんげでスープをすする。これはただ者ではない、味に香ばしさがあるのは焼き干し（夏に回遊してくるホソトビウオを焼いて干したもの）を使っているのかも知れない。でもワンコインで焼き干しを使ったら採算が合わないか、などと考えている内に背脂の領域にまでたどり着く。上質であるためか、こくがあるが重く感じない。太麺なのも、この香ばしさを感じるスープにからみやすく合っている。チャーシューもいい味加減だ。

スープ、麺、チャーシューでウマスギ三連発ではないか!

これなら朝ラ+朝ビもいけそうだ。

最近、ラーメンと言えばあっさり系ばかり食べていたが、まだまだコッテリ系だってスープ一滴すらのこさず制覇できるではないか。

さて、庄内を回って「大黒様のお歳屋」の取材に協力してくれる魚屋さんを回る。庄内では、十二月九日に豆料理とハタハタの田楽を食べる。そのため魚屋さんではいっせいに田楽を焼くことになる。

午後、地元の方たちと合流して酒田舞娘の踊りを『相馬樓』に見に行った。舞娘さんの踊りもよかったけど、酒田芸者のオネエサンの色香にうっとりした。

夜は地元の方たちと、さかな料理、さかな料理で食いつかれ、口直しに焼き鳥を食らい、スナックへゴー。ここでまさかの夜ラを一気食い。

「朝ラ食べたら、昼ラ、夜ラは、酒田のお決まりというヤツです」

この夜ラはラーメン専門店ではなく、ご近所の居酒屋のものだという。まさか、まさかのスナックで、まさかこんなにウマスギの夜ラを食うことになるとは、ビックリ、カンゲキなのだ。

さて、その日は、そのまさに酒田人のお決まり、朝ラ、昼ワンタンメンに夜ラだったのだ。

酒田の芸妓さんは姿も美しいが所作も美しい。

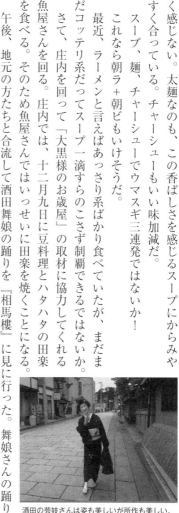

『市場食堂』の朝ご飯（福島県郡山市）

福島県郡山市にある郡山水産まで深夜、東北自動車道を北上する。海のない郡山市にある郡山水産になにし行くの？　疑問に感じる方もいるだろう。ただ水産の世界を少しでもかじれば、一度はこの水産会社を見なくてはならぬ、と思うはずだ。

日本全国の上物を吸い上げるように集めているのだ。しかも十一月といえばカツオである。東北各県から最上級のカツオが郡山に集まり、珍しいカツオ競り（カツオだけの競り）が行われている。

福島県は南北に細長く、海側から浜通り、中通り、内陸に会津の三地方に分かれている。郡山は会津への入り口であり、浜通りからの水産物の中継地点になる。郡山水産を知るまで、この中通りの水産業での重要性がわからなかった。面白いのは山間部である山形県米沢と同様に郡山はコイの産地なのだ。このコイ養殖の歴史も調べたい。郡山は一見、東北の片田舎だが、食べ物を調べている身にはまさにエルドラドなのだ。

期待しての郡山だったが期待以上だった。日本全国の仲買の猛者が荷（水産物を入れてある箱のことで水産物自体のことでもある）を送って来ている。言葉を換えるとボクの知り合いばかりである。郡山に来て懐かしい気持ちになる。

カツオが大量に並び、郡山水産名物、カツオ競り開始。

刺身以外は至って普通だが、さすがに東北、米どころでご飯がうまい。かけつけ二杯だ。

さて噂に違わず、北海道オホーツク海や、宮崎県や鹿児島県、沖縄県からめったに手に入らない珍魚、超高級魚が来ている。特にすごいのが東京に負けないレベルのウニである。

通常の上物（マグロやサバなど）も良識を超える量がある。一瞬、郡山に移住したくなる。

場内に見るべきものが多すぎる。夢中になっているところに始まったのが「カツオ競り」だ。

三陸から福島にかけては国内屈指のカツオどころなのだ。特に秋の下りガツオは東北で食べるべし。アポなしで来ているので、食べられるとは思っていないが、こっそり箱の中を見ただけで涎が湧き出てきて困る。

「カツオちゃーん、食べたいなー」

聞こえたのだろうか、「もう少しで競りが終わりますので待っててくださいね」、とTさんが声をかけてきた。まさか、バレたか？

中通りならではの加工品もある。腹が減っても、ちゃんと魚介類は調べるというのが、ボクの流儀なのだ。面白いものを選んで確保する。

おおおい、とTさんが駆けてくる。その後ろに後光が差している。「はーい」。

二階にあるのが『市場食堂』だ。一般客大歓迎で、昼が近づくと職員も並ばなければならないらしい。流石に競りが終わったばかりなので、関係者ばかりだ。席に着くやいなややってきましたカツオちゃん、脂のりのりのマグロの若い衆(メジと言って二十キロ以下のサイズ)もいるじゃないですか?　おっとっとヒラメもある。

この全部が、超がつくくらいの上物である。お客用にあつらえてくれたらしいが、市場飯の、これぞまさに別格である。Tさんに毎日、これ食べたい、というとどうぞどうぞ、だって。

やはり郡山に移住するしかない。

上から時計回りに下りガツオ、天然ヒラメ。メジの腹身、背の部分で、すべて上物でウマスギだ。

コラム 気になる 懐かし過ぎて困る……

パンもいいが、この陳列台、国宝級じゃないか。かつ懐かしいパンばかりで、全種類食べたい。

『吉田菓子舗』の「パン」（福島県会津若松市）

会津若松市で山間部ならではの水産物を探して歩いていたとき、昔ながらの造りの和菓子店を見つけた。なにか「あんこもの」を買おうと店の前に立ち止まったら、ボクの和菓子モードを一気に消し去るものを発見。タイルと木でできた見事な陳列台に並んだ菓子パン＆総菜パンである。

ボクの大好きなウスターソースをくぐらせたトンカツサンドに心臓の辺りを打ち抜かれる。やきそばパン、コロッケサンドの総菜パン御三家が揃い踏み。ハンバーグサンド、カレーパン、バターロールの御三卿も揃っている。

しかも由緒正しき野球グローブ型のクリームパン、あんパンにジャムパン、そしてチョコレートパンもある。バターロールがうず潮型なのが新鮮に感じる。

アンドーナッツ、ツイストなんてのも懐かしい。ツイストした揚げパンなんて久しぶりだ。思わず踊ってしまうじゃないの。「アキラでツイスト、レッツゴー！」。

総菜パンに第二次大戦後の昭和を感じ、あんパンやクリームパンに明治を感じる。明治の菓子パンの歴史を考えると銀座の木村家本店と新宿の中村屋に行き着く。この日本のパンの歴史がたどれる店がある街、魅力的である。

気になるものを全部買ってきた。全部、うまかった。

『こばやし』の「ランチ」（茨城県水戸市）

茨城県水戸市にある水戸市公設卸売市場には定期的に行きたいと思っている。公設市場なのであくまでもプロのための市場だが、実に面白いのだ。

茨城県の港と言えば那珂湊があり、また北には平潟、大津など底曳き網の盛んな港がある。しかも涸沼、霞ヶ浦、北浦と汽水域にも恵まれているのだ。ついでに分野外だが農産物がとても魅力的である。加工品の干しいも、メロンの種類が多く、おいしい。

水戸藩は光國時代の負の財産のせいで、幕末に悲惨な目にあっているし、御三家では格下だしといいことないなと思っていた。ところが実際に行ってみるととても素敵なところだった。

さて最近の三月は温かいのだ。アンコウ（キアンコウのことで、標準和名のアンコウはクツアンコウと呼ぶ）を調べようと思って、水戸に二月に行きますと連絡をいれたら、一ヶ月ずれ込んでしまった。諦めていたら、まだまだアン

市場でアンコウの吊るし切り。高雄太夫鮟鱇。

エビフライやしそ巻きのカツレツ、サラダも魅力的だが、卵焼きの存在感が意外に大きい。

コウの入荷は続いているというので、押っ取り刀で水戸まで。旬は過ぎてもアンコウの荷（市場流通で使う発泡スチロールの箱で魚介類が入っている）は場内いっぱいに並んでいた。さすがはアンコウの本場だ。

場内を回って、「吊るし切りやってくださーい」とお願いしたら、じゃんけんぽん。負けた人がやってくれた。すみませんね。

江戸の鍋はしょうゆ仕立てのあっさり味、水戸はみそ仕立てでこってり味だ。意外にアンコウを食べる地域は限られていて、江戸の町で食べていたのは常磐、茨城との関わりからではないかと考えている。アンコウは冬のものなので、遠くても運べる。北浦か霞ヶ浦に運び、利根川の水運で江戸に運んでいた。それで江戸の町でも「鮟鱇鍋」を好むようになった？

市場を見たら、水戸でいちばん好きな街、本町に向かう。水戸藩の頃には下町と呼ばれた古い町人町だ。水戸という名称はそのものずばり水の戸（出入り口）で、川の交わるところという意味だと思う。とすれば江戸時代、川は現代の高速道路であったので、例えば水戸は当時、高速道路のジャンクションのような場所だったのだ。市街地を流れる桜川、本町にある備前堀は太平洋にそそぐ那賀川に繋がるので、本町あたりは古くからの交易の場所でもあったのだろう。

おいしいパン屋さんがあり、埼玉県の「五家宝」に似た「吉原殿中」なんてお菓子を売る店もある。いつも市場で大食いするので、本町では一度も昼ご飯を食べていない。せっかくなので街歩きをして、飯どころを探す。

散々歩いて見つけたのが静かな佇まいの洋食店だった。暖簾が左右反転しているのが楽しい。初めての店なのでランチにした。

エビフライやコロッケは普通だが卵焼きが面白い。これが実に端正な味わいで、洋食食ったという感がワキワキしてくる。

ハンバーグやカツカレー、ロースカツもある。全部食べたい。この下町という地域には古い店が多く、面白い喫茶店もある。

おいしいお昼を食べると、不思議と満腹感がない。少し散歩して腹を空かせ、パン屋さんで甘食を、和菓子屋さんで上生菓子を買う。水戸は我が家からそれほど遠くない。帰って甘食でお茶を飲もう。

甘食は明治生まれの純和風パンだ。素朴で懐かしい味。

『そば処みやこ』の「しょうゆラーメン」（栃木県真岡市）

栃木県、群馬県、茨城県あたりで食べられている郷土料理に「しもつかれ」がある。塩ザケの頭部を使った料理で大根だの大豆などと酒粕を一緒くたに初午の前日に大鍋いっぱい煮て作る。それとこのあたりで食べられているものに「さがんぼ（さがぼう）」、「もろ」がある。前者はアブラツノザメのことで後者はネズミザメのことだ。下野市から東に真岡市のスーパーなどをのぞいてまわる。

ふと時計を見ると正午近い。高速のSA、チェーン店では食事をしないと決めているので、昨夕食事をとって以来、水だけしか飲んでいない。もだえ苦しむくらいに固形物が食べたい。

真岡駅近くから車で食堂を探す。やはり寂しい情景が続くなかに、ヒラリとのれんが目に飛び込んでくる。通り過ぎたので大胆にUターンしてもどると、そこはそば屋さんだった。店の前、入り口の左手にショーケースがある。これだけで期待してしまうのはボクだけだろうか？　サンプルが汚れていないのもいい感じだ。

引き戸をあけて中に入ると、オカミサンらしき人が出て来た。

栃木県下野市で買った「しもつかれ」。不思議な味だ。

あっさりしておいしいいいラーメンと辛くないカレーは、理想的なお昼ご飯ではないだろうか。

関東地方

店内には品書きの札がいっぱい貼ってあって、目移りして仕方ない。強烈に輝いていたのは【豚もつ煮込み定食】だが、【しょうゆラーメン】もよさげだ。でも、それだけじゃもの足りない。ミニカレーつきのセットにする。

それほど待つこともなく、やって来たのは理想的なラーメンに懐かしい感じのカレーだった。サラダとお新香つきである。匙に紙ナプキンクルクルクルというのが懐かしい。

ごくりと飲める温度（熱すぎるのは失格）のラーメンスープがうまい。使い込まれた丼に歴史を感じ、れんげに屋号が入っているのもいい。

麺がやや太めなこと以外はまさにボク好み。ぐいぐいたぐれてぐいぐいいける。カレーだって普通以上にうまいのだからステキだ。

ウマスギ！　ゴーゴーと踊り出しても許されそうな店の広さだが、もう大人なので我慢する。

コラム
気になる

「いなり」いろいろ形も味もいろいろ……

徳島県のきつねずしは三角形で酢飯は白い。

青森県津軽のいなりずしは甘く酢飯が赤い。

沖縄県本島では揚げが薄味で酢飯も薄味。

埼玉県熊谷、妻沼聖天山の長いいなりずし。

いなりずしいろいろ

別に死に物狂いというわけではないが、日本全国の油揚げに酢飯のすしの情報を集めている。これを東日本では「いなりずし（稲荷ずし）」、西日本では「きつねずし（狐ずし）」という。また三重県や愛知県などでは「あげずし（揚げずし）」というのだ。これが全部、「いなりずし」になりつつある。犯人はコンビニと大手スーパーである。

恐ろしいことに、若い世代にはなんの疑いもなく、例えば四国生まれでも「いなりずし」がネイティヴな言語と疑わない人も多い。三重県の「あげずし」も絶滅しそうだ。

さて、言語的には危険水域にあるが、形態的にはまだまだ地域性を残している。東日本は稲荷信仰で稲が豊作であれと俵形をしているし、西日本では稲荷神の使いであるお狐様の耳の形をしている。さて、この油揚げにすし飯というものは江戸時代後期に生まれたとされる。その頃は細長く、食べやすい大きさに切るものだった。この細長い形を残すのが埼玉県熊谷市妻沼聖天山周辺のものである。この形では稲荷も狐も関係なしだ。

ちなみに関東や関西ではご飯だが、青森では甘いおやつなのかも知れない。また全国一の「いなりずし」食いは沖縄本島ではないか？　などまだまだ調べたいことだらけだ。

普通のまんじゅう、だんごは生地がふんわりしているが、「ゆでまん」は舌触りが軟らかく、うどんをすするのに近い。

『宮田餅菓子店』の「ゆでまん」（栃木県宇都宮市）

世の中でいちばん好きな菓子はと問われると、いくつもありすぎて本当に困る。これ一点には絞れないものの、どうしてもと言われると栃木県をはじめ関東一円で作られている【ゆでまん】になりそうだ。

小麦粉生地でたっぷりの「ゆであずき」に近いつぶあん（要するにしっとりしている）をくるみゆでたもの。見た目は大きすぎるマシュマロのようにも見える。この至福の味はたった一日しか保たないので、その地に行かないと食べられないというのが切ない。切なくて泣けてくる。

これを食べるためだけに宇都宮や結城に移り住みたいと思うほどにうまい。かなりの大きさなのに十分間で十個くらいぺろりといける。生地は小麦粉の香りが高いうどんのようでもあり、まんじゅうを食うというよりも、まんじゅうをすすり込むといった感じなのだ。食べるたびにうどんを思うのだが、これがあながち当たってなくもないのかも知れないと考えている。なぜなら「ゆでまん地域」と関東の「うどん地域」が重なり合っているからだ。

今のところ関東平野での分布域はまったくわかっていないが、『宮田餅菓子店』以上の【ゆでまん】が世の中に存在するのか否か、それがボクにとっての大問題なのだ。

『小林屋』の「なまずのたたき揚げ」(群馬県板倉町)

群馬県板倉町には淡水魚の食文化を調べに行ったのだ。午前中いっぱい、クリークでのナマズ漁を取材して、ついでにといっては失礼ながら関東に多い雷よけに御利益のある雷電神社の総本社に詣った。それほど関東平野には落雷が多く、古くからその恐怖にさらされてきたのがわかる。神社は思った以上に美しく、雷様になぜかナマズが並んでいたりする。参道に茶店や川魚料理店が並んでいる。そのなかでもいちばん風情のある店に入った。それが『小林屋』である。

がらりと引き戸をあけて席に座ると、そこはまことに落ち着けるいい空間だった。店の女性たちはややぶっきらぼうに思えるが、ビールを一本もらったら、「小魚煮」がついてきた。二、三尾箸でつまみ口に放り込む。

「しみじみウマスギ!　ビールに合いすぎ」

【小魚煮】は関東一円の言語で「くちぼそ」とか「もろこ」とか呼ばれている標準和名モツゴの佃煮である。ほどよい甘さに、後からほろ苦さが感じられていい味なのである。

秋とは名ばかりの炎暑の日で、屋外で何時間も過ごした後なので、ビールをやると体にじわ

今や貴重な板倉町に残る運河でのナマズ漁。

り冷たいのがしみこんで、思わず「かー」っと声がもれる。

紙にマジックで書かれた品書きを見て、まずは、板倉町ならではの【なまずのたたき揚げ】と【なまずの天ぷら】をお願いする。

板倉町は群馬県最南端の町で、渡良瀬遊水池、谷田川に囲まれた水の町だ。この谷田川も渡良瀬遊水池も実は人工的なもので、このような緩い流れに多いのがナマズなのである。当然、同じような場所に生息するコイ、フナ（ギンブナ、ゲンゴロウブナ）、モツゴ、テナガエビなど淡水の恵みが多彩で、豊富。衰退しつつある淡水魚の食文化が、いまだにたくさん残っている数少ない地でもある。

待つほどもなくそれはやって来た。

【たたき揚げ】はナマズの身を包丁で細かくたたき、にんじん、ゴボウなどを加え、揚げたもの。噛むとふかふかして、素材からの甘味が感じられる。天ぷらは開いて揚げていて、ともに生臭みは皆無、むしろ上品すぎるほど上品な味だ。これがビールにやたらに合う。

ビール二本をあっと言う間に空にして、酒を室温のまま、とお願いしたら、うれしいことにコップ酒が来た。これが実にいい酒だ。この店で出している酒は〝大昔〟から茨城県の『徳正宗』だという。茨城

雷電神社の門前には何軒かの料理店がある。

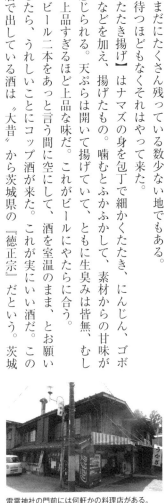

たたき揚げを魚に飲む『徳正宗』は適度に辛口で切れがいい。

県の酒だといっても、酒蔵のある猿島郡はここからは渡良瀬川を挟んですぐの場所である。この渡良瀬川と利根川が合流する地域は国内でも唯一、狭い範囲に群馬県、茨城県、千葉県、埼玉県の四県の県境があり、数時間歩くだけで四県を巡ることができる。わずかだがロマンを感じる場所なのだ。

揚げ物の次には【鯉こく】、【鯉の洗い】に【小魚煮】を追加して『徳正宗』をもう一杯。

酒が回るにつれて蒸し暑いせいか、開け放たれた店内にヤブ蚊がなだれ込んできて、ボクだけが集中攻撃を受ける。追っても追っても、手や足に食らいついてくる。

「こっちは一人も食われていねーに、あんた蚊にもてもてだ」

栃木市からコスモスを見に来たという一行に冷やかされる。

「んだ、んだ。うんだなー」

栃木弁をまねて相づちを打ってみた。

「そりゃ何弁だ。あんたいなかっぺみたいだ（誤解を招くとダメなので全部ボクの意訳だ）」

栃木の人は明るくて、親切なのである。

長年課題にしている郷土料理「しもつかれ」のことを聞くと、親切に教えてくれる。

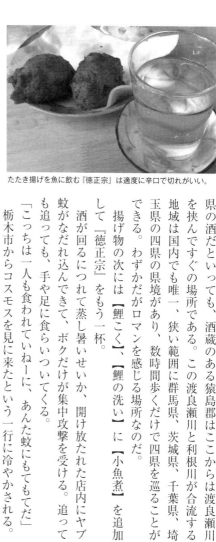

なまずの天ぷらは海の魚シロギスを思わせる。

群馬県南部特有のなまずのたたき揚げ。

鯉こくほど日本酒に合うものはない。

群馬県の水郷地帯ならではの鯉の洗い。

関東地方

「しもつかれは、この辺でも作るんだよ」

店の方から声がかかる。考えてみると、「しもつかれ文化圏」というものがあって、それは栃木県、群馬県、茨城県にまたがる。また非常に似た料理が福島県にもあるのだ。

　魚貝類の食文化を知るには、こんな無駄話がとても重要。思わぬ収穫である。

　この店は姉妹三人だけで切り盛りしているようだ。この最初はぶっきらぼうだった上州女たちが、だんだん打ち解けてきて、いつの間にかまるで数十年来通っている常連のように居心地がよくなってきた。

『徳正宗』を二杯、三杯と重ね、五杯目で打ち止めとした。ここは陸の孤島である。うまい肴にうまい酒でいい酔い心地となり、タクシーを呼んでもらった。以後の記憶はない。

「また来《き》っからねー」

『馬力屋』の「鴨汁うどん」（埼玉県鴻巣市）

鴻巣市といっても埼玉県外の人間にはわかるまい。あえて挙げればひな人形の生産地であることくらいか。埼玉県は、江戸時代には小さな藩と旗本の知行地、天領が細かく入り組んでいた。それで治安のために有名な関八州取締役が置かれていたのだ。そのせいで埼玉県の歴史は複雑で研究者でもない限りワケがわからない。これが巨大な人口を抱えているにもかかわらず、埼玉県の影が薄い原因ではないかと思う。ボクの場合も、鴻巣に漁具の名店がなければ来ることはなかった。

さて埼玉県が国内有数のうどん県であることは、関東に住んでいても知らない人が多い。ましてや全国的にはまったく知られていない。

関東平野は二毛作地帯である。稲の刈り取り後に関東平野で作られているのが麦なのだ。初夏から秋に作る稲（米）は売り物、江戸時代には年貢だったはずなので、ハレの日に食べるものだった。古くから埼玉はケの日（日常的）には麦飯、小麦粉（うどんなど）を食べるところだったのだ。当然、埼玉にはうどんの名店が多い。歩き疲れて見

真夏の生ビールにしびれる～。

何気なくお願いしたしいたけの天ぷらが最高だった。

この幅広のうどんは小麦の風味豊かで腰がある。濃厚なしょうゆ味の鴨の汁と合わせると最高。

つけた『馬力屋』もそのひとつらしい。

店は中山道から外れた坂戸や川越に向かう街道筋にあり、一見普通の民家のようだ。

まずビールと【しいたけの天ぷら】をお願いする。品書きにはうどんだけではなく、そばもある。うどんは幅の広い「川幅うどん」と普通のうどんの二種類あり、そばは田舎ではなく殻を剥いて引いたものだという。少しお高いが奮発して【鴨汁 川幅うどん】をお願いした。

真夏の埼玉は灼熱である。ほどなくやってきた冷え冷えの大ジョッキを一気飲み。【しいたけの天ぷら】がうまい。体から熱気が消えた頃、【鴨汁うどん】も来た。

さて、埼玉県のうどんの特徴は、肉汁で食べることだ。しょうゆ味の温かい汁で豚肉に玉ねぎ、大根、インゲンなどの野菜が入る。この店の【鴨汁うどん】もそれと基本的には同じだが、具は鴨とネギだけだ。器に触れられないくらいに熱い鴨汁がうまい。汁の味と鴨の味わいが絶妙に調和しており、うどんを浸すと適度にからんでほどよいしょうゆ辛さになる。

おっと、驚くのはまだ早い。「川幅うどん」が汁以上に強烈ウマスギ！　なのである。厚みのある幅広のうどんに小麦粉の風味が生きていて、ほどよい腰がある。うどんの名店に入ると共通することは、うどん単体で食べてもうまいことだろう。次回は「川幅うどん」の【もりうどん】で生ビールをやり、〆に【鴨汁うどん】にしてみよう。

せっかくなので鴨汁にどっぷり浸してたぐると、汁とうどんが一緒に胃の腑に消えた。あっけないくらいにだ。

普通のうどんもおいしかったが、やはり「川幅うどん」の方が上かも知れない。少々胃の腑に隙間があったので、「おせいろ」もお願いする。要するに「もりそば」だが、ここではわさびではなく大根下ろしが添えられている。恐るべきことに、そばもなかなかイケルのである。

帰りに荒川を見に行く。河原ばかりが広く、しかも困ったことに草ボウボウで、流れがやたらに狭い。「川幅日本一」なんて喧伝するよりも、他にもやることはあるんじゃないだろうか？　と思う。

念のためにそばも食べてみた。これが風味豊かでうどんと比べなければ絶品。

群馬県高崎市。こちらもあんこ入りとなし。

群馬県沼田市のもので、あんこ入りとなし。

埼玉県飯能市であんこ入り。

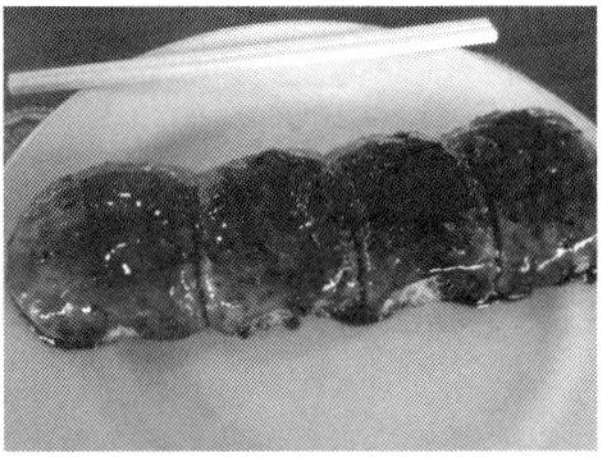
群馬県太田市のもので、あんこなし。

焼きまんじゅういろいろ

「焼きまんじゅう」は今のところ群馬県と埼玉県でしか見つけていない。生地はほとんど同じで小麦粉で、全国に見られる「酒まんじゅう」そのものである。

よく「酒まんじゅう」を小型にして、あんを入れずに、甘辛いしょうゆだれをつけるという人がいるが、意外に合っていそうだ。しょうゆだれというが、みそが入っているものもある。実は群馬に行くたびに「焼きまんじゅう」をお土産に買ってくるし、旅先でも食べる。

群馬と言えば「焼きまんじゅう」という思いが強い。しかもお土産の冷凍ものも、何気なく入った店でもハズレ無しなのだ。旅先でのウマスギには恵まれない身としては、例外中の例外である。群馬に行って「焼きまんじゅう」を食べるくらい鉄板なものはないのだ。

「焼きまんじゅう」には、あん入りとあんなしの二つがある。あん入りは串に三つ、なしは四つというのが普通だ。店などで食べるとき必ず、あり、なしを両方食べる。

さて、飯能市にうどんを食べに行った。ついでに散歩していて「焼きまんじゅう」を見つけたのだ。大発見、群馬県だけではなかったのだ。こうなったら関東平野を駆け巡って「焼きまんじゅう」を探してやるのだ。

『お食事処 いしい』の「ラーメン」(千葉県勝浦市)

毎週末に外房勝浦に通っていたのはかれこれ四十年近く前のこと。始まりはクロダイ釣りで、根つき(三歳以上のクロダイ)の大物を狙って釣り場に張りついていた。その内、陸っぱりから沖へと、ターゲットもイカや中深場の根魚に変わった。初冬の凍てつく早朝三時前、船宿についた。船頭さんはラジオに聞き入っている。

「夜明けまでまたねーと、出られっかわからねーど」

沖に出たことは出たが、波が高くて結局すぐに港に引き返してきた。それで仕方なく朝市を見て帰ることにしたのだ。その時は釣りが出来なかったショックもあって、新鮮な野菜も干ものもそれほど面白いとは思えなかった。しかも腹ぺこだった。

「きんつば(実は太鼓焼き。非常にうまかったが閉店してしまった。超残念)」を五つ、六つ食べたが、ボクの腹の虫が余計に暴れだした。そこにいい匂いが漂ってきた。見れば野菜を売るオカアサンが丼を抱え込むようにラーメンをすすっている。

思わず店の場所を聞いて、押っ取り刀でかけつけたのが『お食事処 いしい』だった。【ラ

勝浦市の朝市は魚よりも野菜が主役だ。

ーメン】をお願いした。しょうゆ色のスープにチャーシュー、メンマという至ってスタンダードなものだったがこのときボクは猛烈腹減りだったので、猛烈ウマスギ！　だった。

以後朝市に行くたびにここでラーメンを食べている。

ものすごく普通の昔ながらのラーメンで、何度食べても食べ飽きない。

水産物を調べるようになって勝浦に行く目的と言えば千葉県立中央博物館 海の博物館に、無脊椎動物と海藻の分類をしてもらいに行くのが最大の目的になった。食品全般に興味が広がってきて、朝市の方も俄然楽しくなった。

そして『お食事処　いしい』で【ラーメン】がお決まりになった。ところがここ数年、この店のメニューが増えてきている気がするし、店先も賑やかになってきた。

考えてみると「ラーメン」以外をこの店で食べたことがない、ということに気づいて、【さんが焼き定食（さんが焼きはなめろうをソテー、もしくは焼いたもの）】を食べてみた。「なめろう（アジやイサキなどの身をしょうが、青じそ、玉ねぎ、ねぎなどの野菜と、みそとを一緒によく切れる包丁で細かく少しねっとりするくらいまでたたいたもの）」もあるけど酒が欲しくなっていけない。だいたい外房の船宿などに泊まると朝ご飯に「さんが焼き」は定番おかずなのだ。

素朴な味で、これはこれでよかったが結局〆に【ラーメン】を食べてしまった。これじゃーダイエットにはならない。ちなみにここのラーメンは超ウマスギ！　ではないが、いたって普通の懐かしい味なのだ。

そしてある日、やはり海の博物館に行く前に、朝市で野菜を買い、この店に入った。周りは平日だというのに観光客らしきが多く、食べているものはみな同じ。何の気なしにボクも同じものにしてみた。【みそタンタン麺】である。

最近、勝浦ではタンタン麺が名物になっているが、そんなものは昔、勝浦の名物ではなかったし、どの店にもあるものでもなかった。ただほとんどの人が食べているのでつられて食べてみた。

これはそれなりにウマスギだった。みそ味のベースに辛みという取り合わせが絶妙だし、辛さもほどよい。でも勝浦の朝といえばボクには、普通の【ラーメン】がいいかな。店を後にして車まで歩く、両手の袋には地酒の「東灘」、朝市で買った見事なトマトやクレソン、原木しいたけがいっぱいなのだ。

さんが焼きはみそ味のアジ（マアジ）のハンバーグといったものでご飯に合う。

築地場外『きつねや』の「牛丼」（東京都中央区）

80年代前半、おんぼろシビックで都内を走り回っていた。仕事が朝終わることも多く、朝ご飯が食べられるところを探して、見つけた一軒がここだった（注／当時はコンビニがなかった）。だからボクの『きつねや』歴はかなり古い。90年代までは、この店で食べているのは、ほぼ市場人だった。そこに朝方まで仕事をしているアヤシイ人たちが混ざっていた。みな忙しいのだろう、のんびり飯を食っている人はまずいなかった。一般人の比率も低く、丼か定食をさっさと食べる、そして去るという市場の流儀が支配していた。

「おい、こんなとこでしゃべってんじゃねー」

一度ここでおしゃべりしながらゆっくり食べていたら、いかにも買い出しに来たというゴツイ御仁から一喝されたことがある。ボクはいつも道路（新大橋通り）の向かい側に車をとめて、だいたい、かき込む時間は四、五分程度だったはずだ。築地に行く機会が増え、もんぜき通りで朝ご飯を食べることも増えた。、今も健在な『井上』の隣の『しずのや（漢字だったかも）』で【中華そば】か、『きつねや』の【牛丼】か【肉豆腐】を食べた。

もんぜき通りには昔ながらの商店が並んでいる。

牛肉はとても軟らかく、口の中でほどよく崩れるのが心地よい。ご飯もうまい。

この店で有名なのは【ホルモン丼】だろうか？　残念ながら一度も食べていない。基本は【牛丼】だ。ボクが食べ歩きに向いていないのは、一つの店に通い始めたら、だいたい二品くらいに決めて、それればかりになってしまうところだろう。要するにボクにとっては食べに行くのが目的ではなく、何かの目的のためにそこに行き、時分となり食事をするだけのことなのだ。

さて、その日は【牛丼】をお願いした。ボクはこれを道路際（新大橋通り）の台の上で食べるのが好きだ。

牛肉は長時間煮込まれてささら状になっている。そこに玉ねぎというシンプルな組み合わせで、脂の重たさはほとんど感じない。これは牛肉を何度かゆでこぼして脂抜きをしているからだろう。しょうゆ味の牛肉は適度に甘く、適度にうま味があり、とても軟らかい。

飯（めし）がうまいのも魅力だ。丼の中で煮込みをめしにからめて、かき込むのだけど、不思議なほど後味が軽い。お腹にもたれない。

若いときは軽く二、三杯はいけそうに思えた。実際、場内に入る前に一杯、場内からの帰りに買い求めた魚を両手にさげて一杯と、計二杯の牛丼を食べたことが何度もある。そして二杯目を食べた途端にまた腹が空いた。ことほどさようにウマスギを食べるとさらに腹が空く。

ちなみに、この店のご飯の味を楽しみたいときには【肉豆腐】と飯を頼めばいい。肉のうま味を含んだ豆腐がとても味わい深い。

昔、マグロの競りを見に通っていたことがある。五時の競りを待つ間に立ち話をするのだが、牛丼の話になった。マグロ屋の若い衆が、この店の「牛丼は熱くていけない」という。要するに場内『吉野家』の方が丼の中身の温度が低くて早食いに向いている。それで「牛丼は『吉野家』の方がいい、という意味だ。実は場内『吉野家』では一度も牛丼を食べていない。移転前に一度食べてみよう、なんて思う。

豊洲移転が決まった頃からだろうか、場内以上に、場外の飲食店が混むようになってきている。残念なことに、昔のようにこの店でちょっと腹をなだめていく、というのが難しいのである。

この文章を書いたのは二〇一七年である。中央市場は豊洲に移転し、一緒について行った飲食店は新店舗で居心地が悪そうだ。

この店のご飯のうまさは丼よりもわかる。

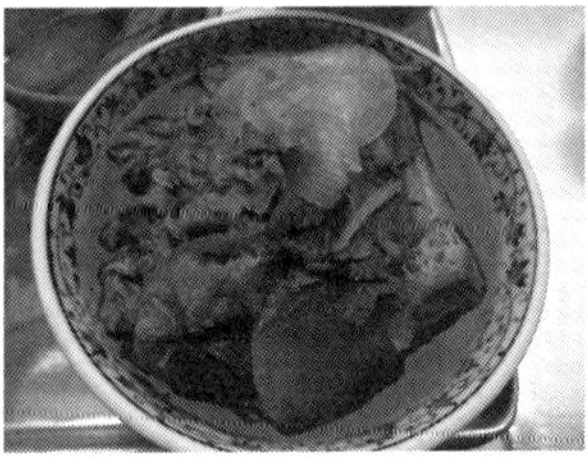

豆腐が主役。見た目ほどしょうゆ辛くない。

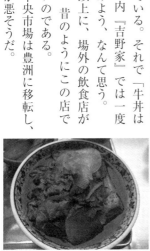

現豊洲場内『センリ軒』の「ヒレカツサンド」（東京都江東区）

ボクにとっての築地とは、場内であって場外ではない。場外は今や都内屈指の観光地だ。市場人の生息できる場所ではなくなっている。ただし場内も安泰ではない。昔ながらの飲食店や場内の仲卸が移転の影響もあってどんどん閉店しているのだ。

築地場内の水産棟は扇状をしている。いちばん右手に大卸（荷受けとも。日本全国から水産物を集めてきて競りを主催する）が、その左に水産仲卸がある。手前の四角い建物がやっちゃ場（野菜果物の市場）だ。汐待ち茶屋（古くは船で運ばれてきていた水産物は満潮時でなければ荷下ろしできなかった。この時間をつぶすための茶屋が起源で、今は場内で

昭和と改元されたと同時に築地が誕生した。この風情ある景色も消えてしまった。

買った食品を預かり、また配達などをする。豊洲移転で消滅）、関連棟、運送業者が集まる区域などがある。今、「うおがし横丁」と呼ばれて食堂などが並んでいるのは市場の関連棟に当たる。

軽い味わいなのでヒレカツサンドは一日三食食べてもいやじゃない。

築地仲卸棟で魚介類を探すのは通路の狭さ（実はこの狭さがいいのだ）もあってたいへんである。通路は細く大きな弧を描き、その上荷（箱に入った魚介類）が通路にはみ出している。その間をターレ（ターレットトラック。運搬専用の車両）や荷車、ときに原付、ときに自転車がひっきりなしに通る。水産棟すべてを見て、やっちゃ場でめぼしい野菜を買うと体がグラグラと揺れるほど疲れる。

人生の先輩、マスターが適度に相手してくれる。

　ということで場内歩きの前に寄るのが『センリ軒』だ。ここに初めて行ったのはかなり昔の

ことだが、通うようになったのはここ十年ほどだ。昔は喫茶店に入るのは贅沢だった。

カウンターに座りとりあえずはコーヒーをお願いする。腹が減っていないときには【自家製プリン】だけもらう。少し胃に隙間があるときだと【ジャムトースト】、もっと減っていると【ゆで卵（かたゆで）】をつける。

もっと、腹が減っていると【ハムサンド】か【ミックスサンド】、【卵サンド】もいい。寒い時季なら【シチュー】なんて最高！

ただしいちばん注文回数の多いのは【ヒレカツサンド】だ。軟らかなソースつきのヒレカツに、香ばしく焼き上げた食パン。ヒレカツがうまいのは当たり前だが、この食パンがとてもおいしいのだ。

ときに場内に入る前に【ヒレカツサンド】を食べて、帰宅時にテイクアウトすることも

まるで家庭料理のようなシチュー。

お腹が満ち足りているときはプリンとコーヒー。

ヒレカツサンドの次ぎに好きな卵サンド。

癒やしが欲しいときのミックスサンド。

ある。一日三回【ヒレカツサンド】でも飽きが来ない。

裏口から入ってカウンターの定位置に座り【自家製プリン】とコーヒーをお願いすると、オカミサンが「いらっしゃい」と出迎えてくれる。

「疲れた顔してるね」

なんてマスターに言われる。

「大丈夫？」

オカミサンからも声がかかり、初めて自分の状態を知ることがある。ちなみに元気いっぱいのときは【シチュー】と【ヒレカツサンド】と【ゆで卵】と【自家製プリン】なのだ。

狭い店なのでウマスギ！　ゴーゴー！　と踊り出すわけにもいかないけど、「心の中では踊ってますからね」って感じ。

すし屋さんばかりがスポットライトを浴びているが、この横丁には目立たないうまし店がいっぱいあった。ボクが大好きだった『かとう』が閉店してしまったのは残念だ。ボクは食べ歩きの人ではないので、もっともっとたくさんあったはずの昔ながらの店全部は知らないが、移転までに閉店する老舗がありそうでこわい。

本原稿は二〇一七年に書いた。『センリ軒』は豊洲で営業中。

コーヒーの後に緑茶が出てくる。

いつもこそこそと裏口から入店する。

現豊洲場内『中栄』の「印度カレー」（東京都江東区）

今（二〇一七年）、築地場内の飲食店棟で、市場人（プロ）が利用する店はとても少ない。あえて探すと、この店と『センリ軒』、『吉野家』、場外の『東都グリル』くらいだ。当たり前だが忙しい市場人が行列のできるすし屋なんぞに並ぶわけがないし、比較的新しい観光客を当て込んだような店に行くはずもない。すし屋に並ぶのは市場人ではない。観光客ばかりだと思う。

すし屋だけではない。今や、少し時間的余裕のある仲卸の社長や荷受けの管理職をよく見かけた、かなり値の張る食堂からも常連客は閉め出された形だ。

初めて築地場内に入ったのは四十年以上前のことになる。この店で初めて「カレー」を食べたのもその頃ではなかっただろうか？　以前、マグロの競りを見るために通っていたときには、朝五時の競りが終わるとこの店に駆け込んで【印度カレー】を食べるのが定番だった。

店には注文不要の市場の達人がいっぱい。

店は半楕円形のカウンターがあり、そこには凄腕の店員さんがいて、奥に厨房がある。この店はボクが注文するやいなや【印度カレー】と【みそ汁】が来る。

さて、待つほどもなくやって来たそれは、フラットな大皿の奥にこんもりとアーモンド型の

たっぷりかかったルーは一口目は平凡な味だが、中毒性があるのか月に一度は必ず食べる。

ご飯が離れ小島のようにあり、その手前に褐色のカレーがなみなみと大海原のように満たされている。ご飯の左端にベレー帽のようにキャベツのせん切りが乗っているのも小粋だ。これがボクの築地場内の定番飯のひとつ『中栄』の【印度カレー】である。

この店の品書きには、カツやコロッケなどのノセノセものはない。あるのはカレーとハヤシと、その両方をのせた【あいがけ】が基本。最近、少しメニューが増えた気がするが、市場人の定番朝飯は相変わらずこの店のカレーである。

ちなみに「食べ歩き人」ではないボクの場合、初入店以来【あいがけ】は一度しか食べていない。この店のカウンターに座るたびに相も変わらず、【印度カレー】一辺倒を通している。

引っ込み思案なのが災いして、食べるときに邪魔なので、【キャベツ抜き】をお願いしたいのだが、それも果たせていないことを告白しておきたい。

最初は鋭角的なうま味やスパイシーな風味が感じられない。平凡な味だなー、と思っていると、後からぴりっと辛みがくる。ここでおもむろに、豆腐だけしか入っていないやや塩辛いみそ汁をすする。これがやたらにカレーに合うのである。ご飯を端っこから切り崩し、ルーと混ぜ合わせて食べる。時々邪魔なキャベツをルーにからめて食べるが、この店に入るときはいつも超がつくほどに空腹なので、がむしゃらに食べる。コップの水が少なくなるとすぐに足してくれるのも素晴らしい。

ウマスギ！　なんて顔つきをして食っているが、食べているときにウマスギ！　と思ったことがない。ただ、不思議なのは、ひと月に数回この店の前を通る、そのとき無性にここのカレーが食べたくなる。食べる前にウマスギ！　と感じさせる、そんな店は他にない。引き寄せられるようにカウンターに座っている。

『中栄』の【印度カレー】は強力なマグネット的な味なのだ。

『中栄』は今、豊洲市場で営業中。

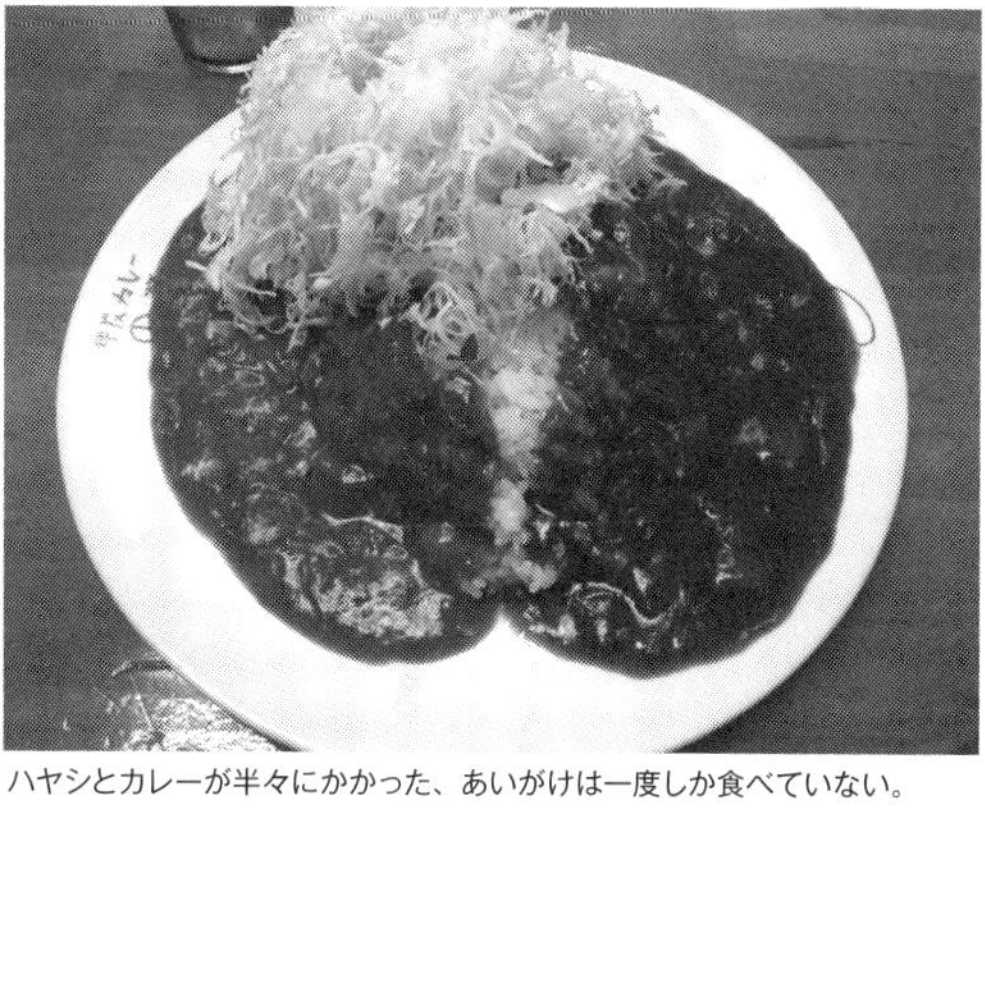

ハヤシとカレーが半々にかかった、あいがけは一度しか食べていない。

『あしなや』のいろいろ（神奈川県鎌倉市）

ボクの鎌倉は古寺・名勝を巡る旅ではなく、珍しい野菜と骨董品を漁る旅なのだ。観光客は北鎌倉から鎌倉まで歩くのがコースだろう。このあたりに観光客の喜びそうな店が雨後の竹の子のようにできている。当然、多くの観光客が鶴岡八幡宮から段葛か小町通りを通り鎌倉駅まで来ると帰ってしまう。

その先にある食のパラダイスを見ようともしないのだ。通称「れんばい」と呼ばれる鎌倉市農協連即売所は昭和三年に誕生したというから古い。逗子市にも同様のものがあるので、なにかしら関連があるのかも。ここでは鎌倉周辺で作られている野菜を農家みずからが売っている。しかも新顔の野菜が多く、まるで種苗店のカタログを見ているようだ。水産物や魚のことを知ったかぶりにしゃべくるヤカラがいるが、実は水産物を知るには倍くらいに野菜の知識も必要なのだ。

ボクの鎌倉は野菜を見て、たっぷりと買って、ここにあるパン屋『パラダイスアレー』で朝ご飯を食べる。最後に骨董店で無駄話して帰ってくるだけ。当然、めったにお昼ご飯を食べることはない。それが珍しく、お昼近くになって入ってしまったのが『あしなや』だ。お腹と背

通称「れんばい」は食のワンダーランド。

優れた食堂の条件は料理を出すのが早いことと、ご飯がうまいことだ。

中が間違いなくくっついた状態で駅前に来た。そこに食堂がある。当然、入るしかないだろう！

最初に目についたのが【焼肉ライス】だった。そのままお願いした。このときは連れ（いい響きだな。でも過去の話だ）がいた。【サンマーメン】を頼んだ。

この【焼肉ライス】が実に、ウマスギ！　だった。食べたのを忘れるくらいにうまい。連れが全部食べられないというので【サンマーメン】も三分の二食べたが、もの足りない。ダイエット中なので打ち止め。後ろ髪を引かれる思いで店を出たのだ。

さてこんなことがあると、必ずまたすぐに鎌倉に行く機会が来るのだ。古書の関係で午前中に鎌倉の知人宅で話し込み、お昼までご馳走になった。せっかくなので骨董品を見て鎌倉駅に着いたら、ふらふらとまたこの店に吸い込まれた。「食べ歩き人」だったら、絶対しないかもの「前回と同じメニュー」をお願いした。ついでに餃子とビールも。先に【焼肉ライス】と【餃子】とビールが来た。さすが。今どきの食堂にはこんな芸当はできまい。

焼肉は甘辛く濃厚な味なのにイヤミがない。【餃子】はやや軽い味である。合いの手に漬物を食べて飲むビールがすいすいと喉を通り過ぎていく。ビールを片付けてソースをかけたキャベツと【餃子】でご飯を制覇する。中華スープを飲んでいるときに【サンマーメン】が来たので熱燗を追加する。

【サンマーメン】は神奈川県全域と国道16号線にそって東京都の町田市、八王子市などでも見られるいわゆる「あんかけしょうゆタンメン」である。昭和五年にできたとか、諸説ある。この熱燗の肴にすすった【サンマーメン】が軽い味ながら、味に深みがあり、野菜の火の通し具合も抜群でまことに素晴らしい。

「ウマスギ！　で、一合もグイグイと飲んじまったぜ」

いい気分になったときに気がついた。何年くらい前だろう？　孤独な身の上になったときに知り合いとこの店に入っている。たしか【ロースカツ】でビールを飲んだ。それから都内に帰り着き居酒屋で酒を飲み、銀座の安いバーで行き着くところまで行ったのだった。寂しい人生だねー。

神奈川県を中心に作られている、あんかけタンメンの「サンマーメン」。

市場人の気分を味わう……

マアジは地物、当然生を使っているし、ご飯もうまい。

『魚市場食堂』の「アジフライ定食」（神奈川県小田原市）

少し規模の大きい市場には必ず食堂がある。市場職員や仲買さん専用で一般人はダメというところも多いが、昨今、一般人大歓迎という食堂が増えている。

もっとも早くから一般人を受け入れていたのが小田原早川にある小田原魚市場内にある『魚市場食堂』である。

都心からも近いし、東海道本線早川駅から歩いて行ける距離にある。味は小田原市内にある名店『だるま』の直営店でもあるので、本格的である。

この市場は本来、プロのためのものだった。漁の種類が多く、水揚げされる魚種も、一日の水揚げ量も多い。地方卸売市場なので日本全国から送られてくる水産加工品も並ぶ。ただ近年、一般の方が多くなっている。

食堂で食券販売機の前に立つといつものことだが、どれにしようかと悩みに悩む。結局、ボクは「食べ歩き人」ではないためもあって、いつも同じものしか頼まない。

大振りのマアジを片身で揚げたアジフライ。こいつにソースをじゃぼじゃぼかけてご飯をかっ食らう。これがボクの小田原魚市場の朝ご飯のイチオシである。

食堂の美人店員さんに「そんなに早食いしたら体に毒ですよ」と言われても、やっぱりウマスギは早食いになる。

『あづま』の「定食」（新潟県糸魚川市）

我が家から新潟県上越まではそれほどの距離はない。深夜車を馳せて上越市にある魚市場をはしごする。

上越の人気は穏やかなので、並んだ魚や加工品のことも聞きやすい。その後は市内で朝市を見るのが定番である。

ネマガリタケ、わけぎなどを買い。【どら焼き（今川焼きと同じ物）】を三十個買った。これが信じられないくらいにうまい。念のために十個追加する（小振りなのだ）。直江津に行き、雁木の商店街を歩いてその日は上越市高田で泊まる。

翌日も上越の市場に行き、そのまま糸魚川へ向かう。日本海でもっとも多彩な水産生物が水揚げされることで有名な能生漁港にたどり着く。ここで主にゲンゲ類（細長い不思議な魚）を集める。大量のナンバンエビ（甘エビのことで、標準和名・ホッコクアカエビ）の間に間抜けな顔をして混ざっている。

「なに食ってんだ（決して正確な表現ではない）」

「どら焼きです」

ホッコクアカエビの中に面白い生き物が混ざる。細長いのがゲンゲ。

見た目はとても地味だが、主菜も漬物もご飯もすべてがウマスギ！

「それが飯かえ」

選別所にいた漁師のオカミサンたちが【どら焼き】を食いながら魚を探しているボクを見て大笑いする。「珍しいのがあるよ」と、どんどん魚や甲殻類、正体不明の生き物、海藻などをバケツに入れてくれる。クロゲンゲにアゴゲンゲといってもわかる人は少ないと思うが、日本海の、底曳き網のある漁港でしか手に入らないものばかりなのだ。

あっと言う間に大型クーラーが満杯になる。この時点でお昼の一時を過ぎている。

漁師さんに教えてもらった能生町の食堂に急ぐ。魚を確保したら後はいかに早く帰宅するか、それが重要なのだが、腹が減っては戦ができない。

能生町の商店街は海岸線の国道8号線と並行して山側にある。鄙びた懐かしい雰囲気の町だ。かなり古い日本家屋があり、風情のある魚屋でフグの干ものも買えた。そのうち、この町で酒を飲みたいと思っているがなかなか果たせないでいる。たどり着いた『あづま』だけが異質だった。黒い木戸に木の看板だが、のれんがかかっていないし、どことなく今風なのが気になる。

行きつ戻りつして挙げ句の果てに、空腹に負ける形で思い切って木戸をくぐる。

中に入ると実に静かで、今どきのそっけなさはなく、店員さんもとてもていねいですらある。オススメだと言うので【日替わり定食】をお願いする。新潟なのに「肉じゃが」だった。「こじゃれているな」と箸を伸ばして口に放り込んだ「肉じゃが」が非常にウマスギなのだ。普通なのにウマスギというのがすごい。しかもご飯もウマスギでウマスギ二連発だった。「肉じゃが」が甘すぎないのがいい、みそ汁もそっけないけど、うまい。漁師のオカミサンが、「能生のうまい店なー。ラーメンはダメなの。ラーメンはうまい店あるよ。なんでもある店なら最近はあそこかね（表現は正確ではない）」ていねいに場所まで教えてくれたわけがわかった。

小鉢も漬物もいいので、ほんの数分で目の前の食べ物総てが消えてしまっていたのだ。考えてみると「あそこは麺がいい」と言われた気がする。ただ残念ながら朝いちばんに市場でラーメン、選別所で【どら焼き】を十二個も食べているので胃の腑に余裕がない。

後ろ髪を引かれながら、能生町を後にしたのだ。

規模は小さいが見どころの多い能生の街並。

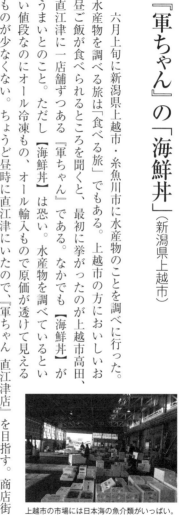

『軍ちゃん』の「海鮮丼」（新潟県上越市）

六月上旬に新潟県上越市・糸魚川市に水産物のことを調べに行った。水産物を調べる旅は「食べる旅」でもある。上越市の方においしいお昼ご飯が食べられるところを聞くと、最初に挙がったのが上越市高田、直江津に一店舗ずつある『軍ちゃん』である。なかでも【海鮮丼】がうまいとのこと。ただし【海鮮丼】は恐い。水産物を調べているとい い値段なのにオール冷凍もの、オール輸入もので原価が透けて見えるものが少なくない。ちょうど昼時に直江津にいたので、『軍ちゃん 直江津店』を目指す。商店街にあるこの店は、白いのれんがかかってオーソドックスな造りだが、店名も看板の文字も明らかに今風で、もうジジの部類のボクは暫し躊躇する。

上越市の市場には日本海の魚介類がいっぱい。

店内に入ってネタケースの魚を見ると明らかに地物ばかりだ。これがわかるのも、早朝に上越の市場を一通り見ているからだ。やって来た海鮮丼は刺身とご飯が別盛りだった。

刺身盛り合わせの脇に紙切れがついていた。ワラサ、ベニズワイガニ、スズキ、白カレイ（マコガレイかも）、カワハギ（ウマズラハギ）、サゴシ（サワラの若魚）、イクラ、肝（キアンコウの肝）、タコ（ミズダコ）、マイカ（スルメイカ）、フグ（たぶんマフグ）、甘えび（ホッコクアカエ

上越のひなびた街に、美しくゴージャスな丼。ミスマッチもたまにはいいもんだ。

ビ）とメモをとる。

まっ先に種不明のカレイを口に放り込んだ。これが、舌の上で甘味を放散して、いきなりガツーンとウマスギ！　だった。実は獲れ立てのマコガレイはカレイ・ヒラメ類のなかでも群を抜いて高価だし、群を抜いたうまさなのだ。これが幕開けだった。最近、本州日本海沿岸が主産地の感さえあるマダイの皮霜造りがうまい。マイカが実に味わい深い。鮮度落ちの早い時季のフグの薄皮をあぶって出しているのもナイスだと思う。うま味の薄いサゴシの皮目をあぶっているところも変化があっていい。

塗り物の器上に並んだネタ総てが関東ではとても出合えない、ある一線を越えたものばかりだ。しかもフノリ類、オゴノリらしきものがのったご飯までもがおいしい。

これなら夜にも来てみたい、と思いながら直江津を後にしたのだ。

コラム
気になる　小振りなのにあんこたっぷり

一度に大量に焼き上げていくが、焼けるそばから売れていく

文様は銅鑼ではなく巴である。

高田朝市の「どら焼き」（新潟県上越市）

大判焼き、今川焼きは同じ物で大きさが違うだけだろう。それなのに日本全国で様々な呼び名があるのはなぜだろう。たぶん、例えばこの菓子は東京などで生まれて土地土地で呼び名を生みながら広まったのだろう。ひょっとしたら今、このようなローカルな呼び名が消えつつあるのかも。上越市高田の朝市にあるのは【どら焼き】という。

「どうしてどら焼きというんですか?」

「ほうらこれが銅鑼の形をしとるだろ（要約）」

焼き上げる型の底にあるのは二つ巴紋で、決して銅鑼とは関係ない。要するに語源は不明のようだ。

まだ肌寒いなかでほおばると、つぶあんが非常に熱く、たっぷり入っているので、食べるにつれて体がほんわかとしてくる。冷めてもうまい。

この屋台は戦後すぐからやっていて、一個十円だったと、昨晩、町の人に教えてもらっている。一個四十円なので千円分二十五個買う。これを朝ご飯代わりに車の中でほおばりながら糸魚川市能生町に向かう。

さて、同じ今川焼き型なのに「きんつば」というものが千葉県勝浦市の朝市で売られていた。あれもやたらにうまかったが今はない。この屋台、末永くあって欲しい。

『春乃色食堂』の「おでんと中華そば」（富山県南砺市）

富山県南部散居村地帯に来たのは、南砺市城端にある城端別院善徳寺で毎年七月の虫干し法会で「さばのなれずし」が供される。その下調べと、散居村での食文化を見るためだ。

「うまい食堂というか、お昼ご飯を食べられる店ありません？」

帰途につくとき地元の方にたずねてみた。

「福光の『春乃色食堂』がいいでしょう。あれは大正時代に開業したって聞きますね。建物も大正時代のままのはずです」

たどり着くと建物は、ボクが通った小学校の木造校舎そっくりの色で、屋号を外すと学校のようだ。板塀の黄緑色は店名の「春」を表しているのかも。小雪が舞うなか、板に触れるとなんだか温かい。

まつ毛についた小雪を払っていると、かっぷくのいい男性が前を行く。そして店内に消えた。ボクもすぐ後からふたつの扉をあけて店内に入る。中の扉には明朝体で「食堂」の文字がなかば消えかかってある。二月のにぶい光りが差し込んで、店内は不思議なほどに明るい。

店の右手にはタイル張りの台があり、手前がカウンターになっている。台の奥におでんの鍋

雪化粧をした城端別院善徳寺は町の中心にある。

がタイルに組み込まれて湯気を上げている。店内の造り、雰囲気はボクが知っている戦後昭和期のものではなく、宮沢賢治の生きていた大正から昭和初期を思わせる。

品書きを見ていると、鍋の前で男性が仁王立ちして【おでん】を選んでいた。それに応えて、オカミサンが、種を皿に次々に盛り上げていく。乗り切らないほどのおでんを手にテーブル席に座り「ビール」と言った。見るともなく見ると、男性は、片っ端からおでんを口に入れ、咀嚼しては、ビールをうまそうに飲みはじめた。実にカッコいいし、豪快でうまそうだ。

押っ取り刀でおでん鍋の前に立って、本能の赴くままに、卵、ゼンマイ、フキ、豆腐、ゴボウ天、そして【めし】をお願いした。

薪のように束ねられたフキを口に入れると、舌の上で脆弱に崩れながらも、フキの持つしっかりと春らしい香りが楽しめた。煮汁の調味と煮加減が絶妙なのだろう、とても味わい深い。ゼンマイに昆布に似たうま味があることも改めて知る。ゆで卵も、豆腐も、ゴボウ天もだしがしみてやたらにウマスギだ。

あまりのうまさに、【めし】をかき込むのを忘れそうになる。最後に残った味のしみた豆腐を箸で崩して【めし】にのせてかき込む。この【めし】は、ひょっとしたら米どころである地

おでんが泳ぐ鍋は明らかに店特注のもの。種はどれも魅力的だ。

元、砺波平野のものかも知れぬ。

　だしはしょうゆが勝った関東風でもない、昆布だしがきいた関西風でもない。あえて言うと濃淡相半ば、カツオ節のうま味も、昆布のうま味も、甘味も強く主張しない中庸な味である。ご飯とおでんを追加すべきか？　気になっていた中華そばを追加すべきか？　皿に残ったつゆを飲み干しながら、迷った。

しょうゆ色に染まった素朴な見た目だが、とても上品な味だ。

典型的な食堂の中華そば。富山らしい赤巻き蒲鉾がいい。

　と、そのとき、件の男性がまたおでん鍋の前に立ったのである。

「竹の子に、ゼンマイ、だいこんふたっつー、こんにゃくも。……卵もふったっつにー（「ぬ」に聞こえる）、豆腐もふたっつ、それと竹の子もうひとつかな。あど、熱燗、熱燗だな」

「そんな魅力的なことやったらあかん、あきまへん」

　東京に帰る日だが、もう一泊してもいいほどに「おでんに熱燗」

の気分だ。苦し紛れに【中華そば】をお願いしてしまった。

男性がまた席を立ち、おでん鍋に向かう。こんどはなにを頼むのだろう。

【中華そば】がやってきた。最近、「食堂の中華そば」に惹かれる。富山県に来て五杯目の「食堂の中華そば」だ。だんだん富山の中華そばの典型が見えてきた。『春乃色食堂』のもまごうことなき、その典型的なものだ。いちばん重要な具は「赤巻き蒲鉾」である。そしてチャーシュー、めんまにわけぎ、麺は細からず太からず、スープは鶏ガラ+魚介系というもの。

富山ならではの「赤巻き蒲鉾」とは〈赤と白のすり身を渦巻き状に巻いている〉もの。昆布を巻き込んだ「昆布巻き蒲鉾」が有名だが富山の蒲鉾の基本は「赤巻き蒲鉾」で、特に麺類には欠かせないアイテムとなっている。「わけぎ」にも注目したいが、きりがない。

この典型的な「富山県食堂の中華そば」は平凡な味わいながら、たぶん毎日食べても食べ飽きぬものだと思う。

「もっとウマスギの【おでん】を食べたい。酒も飲みたい！」

後ろ髪を引かれる思いで外に出ると、鈍色の空から小雪がひらひら舞い落ちてくる。この地域には、まだまだ調べなければならないことがいっぱいある。必ずまたここにも来ることがあるはずだ。

「今度は山盛りおでんと熱燗といくからなー」

色合いといい、木造の造りといい古い校舎を思わせる。

富山県人はモツ好きなのか……

しっかり処理しているモツはまったく臭味がなく、うま味豊かで柔らかい。

『梅乃家』の「モツ煮込みうどん」（富山県魚津市）

早朝、魚津市の魚市場で競りを見た。午前中は、市内にある鮮魚店や水産加工業を見て歩いた。街で見つけた水産物もやたらに面白い上に、魚屋さんなどにいろいろ親切に教えてもらえたので時間があっと言う間に過ぎ去った。

気がついたら午後一時半近くになっていた。ホテル、チェーン店では食事しない、というのがボクの掟なので、空腹感はピークを通り越して月面に届きそうになっていた。魚津の街を右往左往。目立つのはやはりチェーン店だ。

そのとき目の前にあったのが『梅乃家』である。オススメは【モツ煮込みうどん】。素直なたちだからお願いした。

それは土鍋に入ってやってきた。みそ仕立てのスープがうまい！　ウマスギだ。なんといったらいいのだろう、みその加減がいいし、だしもおいしい。大きめに切られたモツにはまったく臭味がなく、脂っぽさも感じられない。やさいたっぷりなところも魅力だろう。

「なぜモツなんですか？」

「富山は昔からよく食べます。うどんにモツも普通です」

ていねいに処理されたモツ入りのうどんはけっこう毛だらけだった。富山県で【モツ煮込みうどん】が有名なら、この地域でのモツのことも調べなくては。

『松屋』の「おかず」（富山県南砺市）

二月、南砺市城端の町家、『いおり庵』で泊めていただく。早朝に目が覚めたらいちめんの雪だった。

ここには、作り方は違うが、お隣の井波町とともに「さばのなれずし」が見られる。これほど寒冷な地域に乳酸発酵食品の「なれずし」が残っているのはとても珍しい。「にしん漬け」、「大根ずし」などの発酵食品、「どじょうの蒲焼き」などこの地ならではの食品がたくさん残っているのも魅力的だ。

散居村のある美しい砺波平野を見て、城端の町に帰ってきた。富山最後の食事は「トンカツ」にしよう。

地元で教えてもらった食堂に入ると【トンカツ】、【カツとじ】がある。うれしい。しかも品書きを見ると砺波平野を走り回って探していた【いりごき】があったのだ。しかも富山でよく食べる【もつ煮】、【ドジョウ蒲焼き】もあるし、【たら子つけ】もある。本能に従い【トンカツ】にいくべきか、否、それはあかん、あきまへんとまじめなボクは強烈な欲求に打ち勝った。

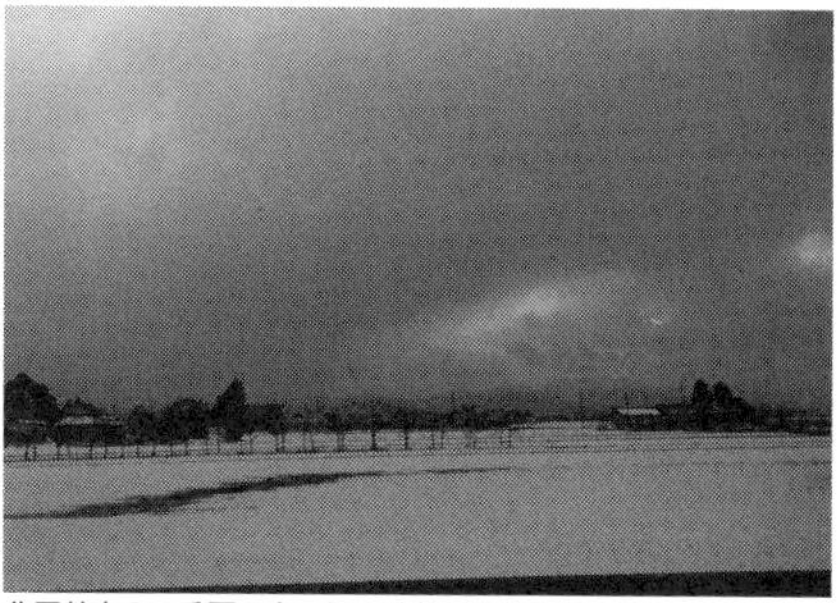

北国特有の二重扉の向こうは別世界の暖かさだった

満足度のことも考えた挙げ句、【トンカツ】の魅力を振り払うべく、おかずを大量にお願い

【いりごき】や【もつ煮】などご飯のススムおかずに対してご飯が少なすぎるのが大問題。

することにする。ご飯、みそ汁に【いりごき】、【もつ煮】、【たら子つけ】に【ばい煮】もお願いした。

「うわっは。盆に乗らんかと思うた」

オヤジサンが持ってきたそれは、盆に窮屈に並んでいた。いきなり【いりごき】を口にほおばる。

語源はわからないが、古漬けを塩出しし、しょうゆ、酒粕などで煮たもの。漬かりすぎた漬物を捨てずに食べるというつましく、賢い料理である。

みそ汁、ご飯で腹の虫をなだめて、【もつ煮】を食べる。魚津市で富山県ではもつをよく食べるのだと聞いていたが、なるほど下処理がいいのか生臭みもなく、ほどよい食感があり実にうまい。この店に夜来て【もつ煮】に一杯もいいかも。心がもんもんとしてきた。「酒飲みたーい」。

とりとめもなく【ばい煮】を見ると島根県、山口県などから来た「白ばい（エッチュウバイ）」だった。地元、富山湾で揚がるカガバイだったらよかったのになー、とは思ったがこれもうまい。それに、考えてみるとこれは典型的な産地交流品なのだ。同じ魚介類の産地同士が、同じ食文化を持つために、その魚介類を流通し合うというもの。これも大発見ではないか。

これも富山県の郷土料理、【たら子つけ】でご飯を食べる。鮮度がいいマダラの身に甘みがあるし、しこっとした歯触りもいい。子(卵粒)がプチプチしていてこれもいい。

ふと顔を上げるとみながこちらを見ている気がする。確かにこの注文の仕方は変かも知れない。ニコリとあやしく笑い飯をかき込む。

さて、店を出たらまた雪が降り出していた。この日一日、雪の砺波平野で車を走らせて、心底疲れ果てたのだ。しかも岐路にはアルプス越えが待ち構えている。

「今度は酒をやりにきまーす」

【いりごき】は古漬けを塩出しして煮たおかず。

【もつ煮】は臭味が全然なく実にうまい。

【ばい煮】はあっさりした味わいでワタが美味。

マダラの子を刺身にまぶしつけた【子つけ】。

真っ黒焦げ焦げだけどウマシ

ビニール袋入りのキッチュなものだが、安くてたっぷり入っていてとてもおいしい。

「どじょうかば焼き」(富山県南砺市)

実際食べたら、淡泊で上品な味わいなのだ。でもなぜか、ドジョウというのは泥臭く、野卑なものだと思われているようなのだ。稀に女性を「どぜう」の店に誘うと断られる可能性大だ。だからお土産にドジョウはないだろうと思っていたら、これだけは理屈抜きに喜ばれるのに気がついた。「またよろしく」なんてこともある。

砺波平野にはドジョウの蒲焼きを作る店がとても多い。ちなみにドジョウの蒲焼きを食べる習慣は金沢周辺と富山県砺波平野にまたがる。旧加賀藩藩領内だ。

金沢周辺には、明治初期まだ弾圧を受けていた長崎のキリシタンがドジョウを食べる文化とともに移住した。これがドジョウの蒲焼きの起源との説が長崎の書にある。

ただ、「ドジョウの蒲焼き」を作り、売る店は富山県の方が多い。穀倉地帯で庄川をはじめ水豊かな砺波平野にはドジョウがいっぱいいたはずだし、あえて長崎からドジョウの食文化を持ってくる必要があるのだろうか？　むしろ逆だと思う。むしろ重要なのは割くという行為だ。これはウナギでもドジョウでも確かな資料がないのだ。

砺波平野のスーパーなどで「ドジョウの蒲焼き」を買って帰る。これが石川のどっしりした酒と好相性なのだ。

『お食事処 みず』の「定食」（石川県七尾市）

石川県七尾市にある『七尾魚市場』で水揚げと競りを見た。多彩な魚介類が見られることで有名な富山湾のなかでも、七尾湾くらい面白いところはない。夢中になって興奮しすぎて時間を忘れた。気がついたら午前九時を過ぎてしまっている。朝から固形物をまったく口にしていないので、お腹と背中がくっついてしまっている、気がする。市場の人に、

「あのー、この辺りでご飯食べられるとこありませんかね」

「ご飯というと、どんなもん？」

「定食とか、丼ものとかがいいんですけど」

「喫茶店とかならあるけどな。聞いてやろうか、配達しとるヤツに」

教えてもらったのが『お食事処 みず』だった。

「能登島大橋を渡ってすぐ右手にあるからすぐわかるわ」

配達の方がやっているのを見たというので、押っ取り刀でかけつける。普通の食堂と言われたが、不思議な建物である。一見、ただの倉庫のような建物に大きな看板が貼り付けてある。

七尾湾の魚介類の競り風景。非常に多彩な水産生物が見られる。

おかずが並ぶタイプの食堂ではなにも考えずに欲望のおもむくままとるのがいい。

あえて分類するとドライブイン？　中はやたらに広い。テーブル席にカウンター席もあり、オープンキッチンから揚げ物のいい香りが流れてきて空きっ腹をグサリと刺す。

おかずがあっちこっちにも並んでいて、【みそ汁】などもセルフである。この好きな物を取る、というのが至難の業だった。小鉢に【カレー】なんてうれしすぎるものがある、【コロッケ】も欲しいし。あっれれ、【刺身】も明らかに地物中心のようだ？　漬物も何種類か選べる。

これに【カマスのフライ　三百五十円】をプラスする。

食べ始めようとしたら、お隣のテーブルにペンキをいっぱいつけたオニイサンがいて、鶏の唐揚げらしきものをグヮワッシュ、グワッシと口に放り込みながら、

「おかずもっと欲しいな！」

「お、なんでも頼め」

先輩らしき人が「もっと食え、もっと食え」と言うと、

「ハンバーグにチキンカツ、ああ魚がねーな、サンマも」

さて、みそ汁をすすり、当然、刺身だろう、と思っていたら、ついついカレーに手が伸びた。

本能がカレーを欲していたのだ。でもこれがいけなかった。ご飯がいきなり半分もなくなってしまったのだ。どうやらお隣のオニイサンたちに煽られる形で、一箸のご飯の量が多くなってしまったようだ。これじゃ早々にお代わりしなければならなくなる。こんなときダイエット中の身はつらい。

カリっと揚がったカマスのフライがウマスギだ！　見た目は悪いがイカの刺身に甘みがある。これはひょっとして東京ではとても庶民には手の届かない「秋いか(アオリイカ)」かも知れない。それと「がんど（ブリの六十センチ前後）」もうまい。わからないのはタコだ。富山湾はミズダコとマダコの両方が揚がるが、マダコだろう。

「甘えび（ホッコクアカエビ）」も生、すなわち地物に思えるが、まさかこの値段でそんなことってあるのだろうか？

みそ汁もご飯もそれなりにいいし、これ全部で千円と少々（値段は忘れた）ってすごい！

「飯たんねー」お隣のオニイサンたちが席を立った。

ボクがご飯をなん杯食べたか？　それは極秘だ。

余計に膨れた腹をかかえて七尾湾を北上し、「ぼら待ち櫓」を右に見て、更に北へと向かう。

カマス（アカカマス）のフライは魚介類の産地ではよく見かける。

『せきやま』の「定食プラス」（石川県珠洲市）

石川県七尾市の魚市場の競りを見に行った。翌日は金沢市中央市場を見に行く予定なので、夕方に金沢に行き着ければいい、ということで、その日はほぼ自由だった。七尾湾の「ぼら待ち櫓」を見て、北上する。できるだけたくさんのスーパーをのぞき、商店街を見て、珠洲市に着く。いくつかのスーパーをのぞいて気がつくと午後1時過ぎだった。

まずは商店街で昼飯処を探すが見つからない。空きっ腹を抱えて市内を車で回るが、基本的にチェーン店では食べないのがモットーなので、行けども行けども魅力的な店が見つからない。

さて、旅慣れてくると、地方でうまいものを食べたかったら市役所、役場の周辺を探せばいいのだということがわかってくる。

この法則でたどり着いた珠洲市役所の近くで案の定見つけたのが『せきやま』であった。入り口は雪国ならではの二重扉で、中に入ると思った以上に広く、しかも清潔だった。手書きの品書きに可愛らしい文字が並んでいるのがいい。

能登半島の伝統漁業、「ぼら待ち櫓」。湾に入ってきたボラをとる。

見た目にも雅だが、味の点でも上質である。まさかこんな端整な定食と珠洲で出合うなんて。

オカミサンが運んできたお茶を飲みながら、品書きを見ていたら【鯵フライ】が目にへばりついてきた。

「そうだ鯵フライだ！」

すんなり【鯵フライ定食】だな、と思った途端にお隣の【豚バラ生姜定食】が目に刺さる。旅先では贅沢せよ！　もモットーなので【豚バラ生姜定食】に【鯵フライ】をくっつけてはどうだろう。と、下の方に【カツ丼の具】なる興味深い一品がある。東京築地場内ではこれを「頭」と言うが、ボクの大好物なのだ。

息苦しい思いで悩んでいたら、オカミサンが【さしみ定食】を進めてくれる。旅はまだ半ばだ、昼に刺身もいいかも。でもどこかもの足りない。懊悩したあげくに【さしみ定食】に【鯵フライ】をくっつける。

いい店は料理人さんに無駄な動きがなく、腕もいいのだろう、料理が出てくるのが早い。待つほどもなく来た【鯵フライ】、そして【さしみ定食】にビックリ仰天。美しき女神様がくだされたご褒美のようだ。

フライの揚げ加減は意外に難しいのだ。

残念なのはサーモンだけ。後は見事だ。

ちなみに刺身は右上から「がんど（ブリの若魚）」、「カジキ（シロカワカジキ?）」、マダコ、カツオ、サーモン（サーモントラウト／ニジマス）、それとたぶんイサキだと思うが自信がない。残念なのはサーモンだけ。後は全部見事、見事だ。素晴らしい。

まずは刺身からと思いつつも大振りの【鯵フライ】をソースをかけずにかじる。さくっと軽く揚がっている。そのパン粉に包まれたマアジの皮と身が、鮮度がいいためだろう上品なエキスに溢れていてうまい。

「いきなりウマスギ、ゴー、ゴーだ」

刺身の味は食べなくてもわかる、が食べたら想像以上だった。これほどいい味の「がんど」は久しぶりである。

石川県は日本一、カジキ類を食べる。「カジキの値段は石川県で決まる」という人もいる。当然、「カジキ」を食べなくてはダメだと思っていた矢先の「カジキ」もうまい。

ご飯をほとんど食べ尽くしての、茶碗蒸しに一息ついて、【鯵フライ】の尻尾にソースをかけてぽりぽり。茶碗を空っぽにする。

いつもは残してしまうフルーツまで食べてしまうとは思わなかった。膳の上には有機物はなにもないという状態で店を後にする。

『そば処 福そば 本店』の「里芋の煮っ転がし」（福井県大野市）

岐阜県白鳥から山越えをして九頭竜川に沿って大野盆地に下ってきた。川漁を見るためなので石ゴロゴロの川原で走り回った。

取材が終わったのはいいが、大野市までたどり着いたときにはふらふらになっていた。食欲は湧かないが、空腹感はある。朝市のある通りの駐車場に車をとめたら、すぐ目の前に昔ながらの風情を残すこの店があった。とても清潔感のある店だし、店員さんも親切だった。

福井に来たら【おろしそば】だろう、という惰性でお願いした。お茶を飲み、硬くなっていた体がほぐれてきたら、【里芋の煮っ転がし】が目に飛び込んできた。前回の大野市では里芋を飽食し、その上、大量買いして毎日のように食べた。里芋がこんなにウマスギ！　なんてまったく想像もしていなかった。

まずは【里芋の煮っ転がし】、間を置かずに【おろしそば】も来た。

【おろしそば】を食べるときにいつも迷うのがそばを大根下ろし入りの汁につけて食べるのか、汁をそばにぶっかけて食べるのか？　だが、ボクは初めての【おろしそば】以来、ずーっとぶっかける派だ。今日も今日とてぶっかけて食らう。季節は晩秋、冷たいそばをよく噛み、そ

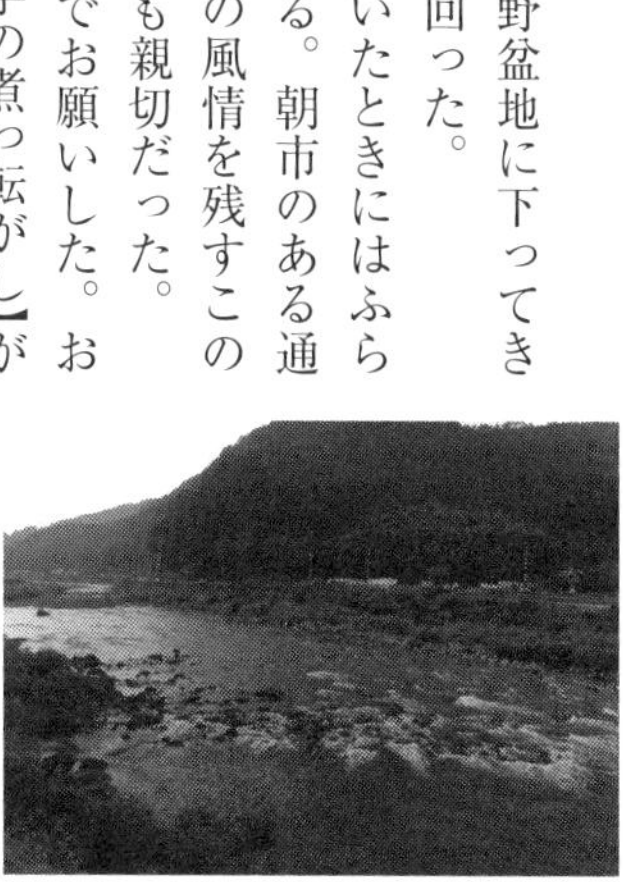

九頭竜川の最上流部に淡水魚を探しに行った。

ばのうまさを堪能しながら食べる。【おろしそば】はすするものではなく、よく噛んで食べるものだと思っている。噛むたびにそばの風味が感じられて、少しだけ甘味が浮き上がってくる。汁の加減もよし、大根下ろしの辛さもよしだ。

里芋を丸ごと口に放り込む。ねっとりとした食感と、ほくほくした食感が口に広がる。越前大野の里芋は実にうまい。

見た目は実に素朴だけど、越前大野の里芋は実にゴージャスな味だ。

そばは固ゆでで、すすり込むのではなく噛みしめるのが福井流。

お隣のやたらに美しい娘が、里芋をかじりながら、

「お腹いっぱいになっちゃう」

なんて言っている。その目と鼻の先で【里芋の煮っ転がし】お代わりなんて言えません。まだ気恥ずかしさの残る年頃ですから。

目の前から総てが消え去るのに五分とかからなかった。二品ともウマスギであった気がするけど、記憶がない。ただ、食欲の導火線に火がついた、それだけだった。

中部地方

コラム
気になる
単純、素朴、ありのままの味……

これだけ飾りっ気のないものは国内でもめったに出合えないだろう。味は超弩級でいい意味で見た目を裏切ってくれる。大根下ろしに一味唐辛子も悪くない。

『森六』の「おろしそば」（福井県越前市）

日本全国を旅しているので、その土地土地のそばに出合う。福井県ではあまりにも有名すぎる「越前そば（おろしそば）」をイヤと言うほど食べた。硬めのそばに、辛みの強い大根下ろしとつゆをかけて食べるぶっかけそばだ。旅の途中、今立の実に風情のある街に行き当たった。みそ屋さんで「ここに来たらそばを食べないといけません」と教えてもらったのが、『森六』だった。

店の前に立てば老舗なのは見た目だけでわかるが、店内はこぢんまりして一般家庭のようだ。当然【おろしそば】をお願いする。実にシンプル極まりないものが来た。

「このまま食べてください。辛さが足りなければ一味を」

面倒なのでぐちゃぐちゃにかき回してかき込む。なんともはや言葉を失うほど強烈ウマスギだった。口中がそばの香りで満ち満ちて、噛めば噛むほどそばのうま味が広がる。大根下ろしが爽やかに辛い。半分は一味唐辛子をかけて食べてみたら、かなりの辛さだが、もっともっとウマスギ、そしてボク好みだった。

これが「魚介類を探す旅」の最終日でなければ、ここに居座って四～五杯はいけたかも知れない。でも旅の仕上げはトンカツに決めている、のだ。

『小作』の「ほうとう」（山梨県甲府市）

名物の【馬刺し、たてがみ追加】と【もつ煮】。これで生ビール、そして熱燗。

十数年前、甲府市にある市場に行ったとき、教えてもらったのが甲府駅前の『小作』だ。車だったので名物だという「ほうとう」を食べたが、連れて行って行ってくれたオヤジサンはいきなり「かけつけ一杯」なんて生ビールをクイクイやった。肴は【もつ煮】と【馬刺し】だ。東京の【もつ煮】は牛か豚だが、馬食文化のある山梨では馬であることが多い。生粋の甲府っ子にとって、至ってありきたりの酒の肴が「馬と馬」だったわけだ。

「ここで昼酒やるのが楽しみなんですわ」

うらやましいったらありゃしないが、市場人の昼は一般人の夜なのだ。以来、甲府にはできるだけ鉄路で行くよう

なぜか山梨県にしか見られない「干しうばがい」。

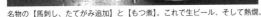

この店の【メンチカツ】はとてもジューシー。山梨なのでワインもあり。

になった。この店で軽くひっかけてくるためだ。

山梨県で調べているのは富士五湖周辺の「イルカ食」と、甲府市の「煮貝」と「乾しうばがい（ウバガイを干したもの）」の三つだ。ちなみに「うばがい」は標準和名でもあるが、常磐（福島県から千葉県銚子まで）の呼び名からつけたもの。古くから山梨県で「うばがい」と呼ばれていたとしたら、原材料は常磐から来ていたことになる。ここに山梨県と福島県の繋がりをみる。こんなところが水産物を調べている身にはたまらない。

甲府市内で人に会い、また資料などを見せてもらい、昼下がり、この店ののれんをくぐるとなぜかほっとする。

生ビールと「馬と馬」の【馬刺し】と【もつ煮込み】、【メンチカツ】をお願いする。肉汁たっぷりのメンチカツで生ビールを一気に飲み干して、そのまま地酒「七賢（北杜市）」の冷やを追加する。

馬刺しは必ず、たてがみ下の部分との盛り合わせにする。このまったりとした脂身を舌でとろかせながら「七賢」を飲み、今度は「谷桜（北杜市）」をお願いする。

いちばんありきたりのみそ味の【かぼちゃほうとう】がボクの定番。

それでメてもいいのだが、思い切って「春鶯囀（富士川町）」を追加した。酒蔵にも立ち寄ったことがあるが淡麗、ほどよく辛口でうまい。

仕上げの「ほうとう」は、初めてのときからもっとも基本的な【かぼちゃほうとう】に決めている。

鉄鍋で供される「ほうとう」はみそ仕立てでだしがきいており、塩分濃度がほどよく、小麦粉で作られたうどん状の「ほうとう」も腰があってうまい。

ただし大振りのカボチャが入っていて、ボリューム満点なので後半少し食べ疲れる。このときのために冷や酒を半分だけ残して置く。これをボクは「ほうとう休憩」と呼んでいる。一人前を最後まで食べるための智恵というわけだ。

ちなみに、この店の「ほうとう」はカレー味あり、猪肉あり、スッポンまであって多彩である。また冷たい「ほうとう」を「おざら」というが、まだ食べていない。

考えてみると、品書きの多い店なのに、お願いするものはいつもワンパターンである。「次はあれこれ食べてみよう」と、帰りの中央本線、夕日に沈む富士山を見ながら思うのだ。

『しんしゅう』の「ざるそば」（長野県中野市）

長野県は不思議議だと思う。例えば「木曽」、「駒ヶ根や伊那と諏訪湖周辺」、「松本平から信濃大町」、「長野市など北信州周辺」がみなそれぞれに違うのだ。例えば高知県に行くと西の大月町から東の東洋町までなんとなく「高知だ」と思わせる共通点があるのだけど、長野県には共通点がない。それが面白くて、長野に通っている。

ある日、分類学上のことで悩みに悩んでいた。固い行き止まりに追い込まれ仕事が停止状態に陥った。今や分類学の世界は先カンブリア紀のように混沌としている。そんなとき、真夜中にふと北信州の郷土料理「やたら（野菜やみそ漬を刻んで混ぜたもの）」を、やたらに作りたくなったのだ。

ということでそのまま深夜車で北へ逃げ出したのだ。目指すは長野県中野市にある大好きな直売所『農産物産館 オランチェ』である。この国内屈指の直売所で長野県北部ならではの野菜や食べ物をヤケ買いした。「やたら」の材料、ピーマンのような形のぼたんごしょう、八丁きゅうり、丸なす、それにリンゴに「おやき」、名物の川中島白桃でカゴ二杯になった。

それから中野市内を散歩して、徐々に南下して、帰宅することに決める。まずは酒蔵を探す。

外観からして信州らしい、いい意味での民芸調の店。

ありふれた【ざるそば】に見えるが、さすがはそば処。味はかなりのもの。

珍しいもち米を使った酒を醸している『丸世酒造』で酒を選んでいるときに腹の虫が腹の皮を強く蹴ったのだった。

酒蔵のオヤジサンにご近所の食堂を教えてもらう。そこは酒蔵から歩いて五分。一九六〇年代、ボクの子供の頃を思わせる古い商店街の一角にあった。建物からして信州、しかも屋号も『しんしゅう』というのがいい。中に入るとこれまた長野県らしく民芸調だけどどこか落ち着きがある。酒蔵のオヤジサンイチオシの【ざるそば】をお願いする。それほど待つこともなくやってきた。そばの香りがすがすがしい。噛むとそばのうま味がふんわりと浮き上がってくる。つゆもかなりイケル。ついつい早食いになる。それだけうまいそばだと思っていただけるといいのだが。

そばを制覇したら余計に腹が空く。要するにそばは準備体操なのだ。ホップ・ステップ・ジャーンプと、ね。

ステップは【ミニヒレ丼】にした。「玉子」と「ソース」が選べるのだけど、長野県なのだから当然、ソースにする。やってきたものは意外に駒ヶ根などのソースにジャブリとくぐらせたタイプではなく、ソースをカツの上からかけたものだった。このタイプのカツ丼には何度か出合っているけれどどこだったか思い出せない。

みそ汁には中野市周辺でよく食べられている丸なすが浮かんでいた。漬物は独特の歯触りに「八丁きゅうりですか?」と聞こうとして聞きそびれた。みそ汁はそば屋らしくさば節だと思うがこれは自信がない。

さて、【ミニヒレ丼】がうまい！　ウマスギだ！　じゃまなキャベツをさっさと片づけて、ミニなので一気に食い切ってしまいそうになり、途中で急ブレーキをかけたが間に合わず瞬時に食い切ってしまった。

致し方なく、しみじみとみそ汁をすすり、漬物を食べ尽くす。漬物がうまいのでお茶をもう一杯。分類学上の壁も雲散霧消、頭のなかもすっきり晴れてきた。

ついでに店のご主人に懐かしい和菓子は飯山市にあり、というのを聞く。しかも、飯山にもうまい飯の食えるところがあるようなのだ。

さらにウマスギを探してジャンプ。北へと車を走らせながら、帰りは明日になりそうだと思う。

ソースが独特でとてもうまい。みそ汁も漬物も美味。あくまでも「ミニ」、普通が正解かも。

中華系焼きそばのようで、どこか違う

見た目は他に類を見ない。味の方も焼きそばのようで違っている。不思議な味わい。

『うしお』の「ローメン」（長野県伊那市）

伊那地方で地域性のある食べ物を探し回った。

伊那市で地域雑誌『KURA』を買い込んでいたら、書店で「せっかくこちらにおいでたならローメン食べていきませんか。名物ですから」と言われたのだ。

教わったのは駅近くの『うしお』と、天竜川にかかる橋のたもとにある『萬里』だった。前者はほとんど焼きそば、後者はローメン発祥の店で汁気があると聞いた。伊那の駅も見たかったので『うしお』に向かう。

『うしお』のカウンターで待つこと暫し、出て来たものは、中華系の焼きそばに見えたがどこか違う。しょうゆ色のたれが転々とキャベツに付着、そばをすすると微かに酸味があるようなないような、中庸な味である。肉は羊肉だと言うがほとんど臭味はないし、ほどよい硬さだった。

お隣では日本酒を飲みつつ、【ローメン】にカレー粉をたっぷりかけて食べている。やってみたらこれが実にうまい。ウマスギ！　だが車なので残念無念、酒は飲めない。

一味唐辛子もあったので試してみるが、個人的にはカレー粉がいい。考えてみるとカレー味の焼きそばを食べただけで、上に乗っかっているのが羊肉であることも、伊那名物であることも、どうでもよくなってきた。

『もりのや』の「とんちゃん定食」（岐阜県飛騨市）

富山に水産物を見に行ったら、帰りは飛騨高山から松本に抜けることが多い。たまには違う経路でと、神通川を遡ることにした。あまりこの道を選ばないのは、四大公害病の暗い影のせいでもある。

神通川を渡ると、落ち着いた街並みが現れた。町のスーパーで地域性を感じるものをどっさり買い、街中の食料品店『フードセンター丸正』でお総菜や、地元野菜を買う。この店のオカミサンや買い物に来ていたオカアサンたちが実に親切だった。

「朝から何も食べていないんです」と言うと、後は掛け合い漫才のようにオススメの店の名が出てくる。ただしこの日は日曜日だった。

「日曜日もやってる食堂やったら『もりのや』やな」

「あんたさんな、ご飯がよろしいの、ラーメン。でも両方いけそうやな（ウハハハハ）」

とりあえず、『フードセンター丸正』で教えてもらった『もりのや』の暖簾をくぐる。店内はどことなく居酒屋風だが、品書きにうどんやメンチカツ、カレーもあるところをみると食堂に違いない。昼は食堂、夜は居酒屋なのかも知れない。蛇足だが岐阜県はメンチカツではなくミン

外観はとても今風で、昔からある店には思えない。

チカツだ。オススメを聞くと、「チキン南蛮です」、「ええ、宮崎県のあれですか?」、「ウチのはちょっと違うんですけど」と言われても、やっぱりこの地域らしいものが食べたいので飛騨市のソウルフード（あまり好きな言葉ではない、あえていうと少しだけ歴史があるという意味）だという【とんちゃん定食】にする。

少し待たされてやってきたものは、鍋ものだった。昼間から鍋とは思いもしなかった。手前に置かれたのはうどんとご飯、みそ汁と漬物で、かなりのボリュームである。「煮えてきたら、汁はあまりとらないで具を先に食べてください」

後に残った汁にうどんを入れて食べるというこ

主菜の「とんちゃん」。スープはあくまでもあっさりしている。

定食のご飯とみそ汁に、うどんがついている。こんなに食べられるのか。

とらしい。絶対にこんなに食べられそうもない量である。煮えてきたので鍋をつつくとみそ味の汁であった。とてもあっさりしていて、煮えたもやしとにら、玉ねぎがやたらにうまい。

主役は何だろう？　野菜を掘り起こすとホルモンらしきものが出て来た。

「これホルモンですよね。センマイもあるみたいだし」

「このあたりでは、牛ホルモンのことを『とんちゃん』っていいます。昔から牛ホルモンをよく食べるんです」

この牛のホルモンからのうま味のせいなのか、みそ味の野菜をご飯に乗せて食べると、とてもうまい。多すぎるかなと思ったご飯もあっと言う間に消えた。

残りの汁にうどんをぶち込んでかき回しながら温める。みそやホルモン、野菜のうま味たっぷりの汁をからめて食べる、うどんもビックリするくらいウマスギである。

腹一杯で店を出て思わず空を見る。標高があり、陽射しが弱いので富山市内での暑さが嘘のようだ。仕上げに今度は通りすがりのオカアサンに教わった『丸田まんじゅう店』の焼きまんじゅう（見た目も味も今川焼き）を五つ買って国道に向かう。この硬球くらいの、あんこで膨らみすぎの大判焼きがまた、やたらにウマスギだった。神岡町はウマスギがオオスギの町なのである。

見た目はあんこで膨らみすぎの今川焼きそのもの。

中部地方

『八兵衛』の「中華そば」(岐阜県飛騨市)

食べ始めは平凡に思えたが、食べ終わるとまた食べたくなる。そんな味だ。

富山市から神通川沿い南下。昼時にたどり着いた神岡の町で本日の一食目にありつけた。ボリュームたっぷりだったのにまだ空腹感がある。

小さな店だけど品揃えがよく、総菜類がおいしい『フードセンター丸正』のお客さんや店の方に、日曜日でもお昼ご飯が食べられる店を二軒聞いた。

「どっちもおいしいよ。あんた二軒ともいけそうやな」

店内爆笑で送り出されたら、本当に二軒とも制覇してしまったのだ。ただしホテル飯は食わない、チェーン店では絶対に食べないがモットーなので、午後一時過ぎの時点で一食目なので、それほど大食いではないと思う。

さて、市街地からほんの少し外れたところにあった『八兵衛』は実にシンプルな飾り気皆無の店であった。さりげなさがいい。店は住宅のなかの一部屋といった感じで、明らかに地元民といった方たちが二〜四人いた。漫画を読みながら【中華そば】をすすっている人がいるのが、いかにも地域密着という感じがした。

教えてもらった【中華そば】と【餃子】をお願いする。ほとんど待つこともなくやってくる。これこそがプロなのだ。【中華そば】はしょうゆ色が薄く、飲むとさらりとしてまろやかな味。もの足りないなという気もするが、舌の上に残るうま味がいい感じだ。これが麺と共に啜り込むことで、より引き立つ。「中華そば」をおやつ感覚で食うボクに、ぴったりの味である。

合いの手に小振りの餃子を口に放り込む。こちらも味わいは穏やかで、強くないが、地元のオバチャンが子供の頃から食べていて、今でも食べに来る、その食べ飽きなさがわかる気がする。これなら毎日でも来れる。

ちなみにうどんもあるし、焼きそばもあるが、要するに麺中心の食堂と考えるといいのだろう。

寒い時期に、神岡の町で泊まって、この店でおでんに燗酒などもよさそうである。そして二、三軒はしごして真っ暗闇のなかをトボトボと安旅館に帰る。つげ義春的かな？

かりっと焼き上がっていて、軽い味わいの餃子がとても味わい深い。

『ふしみ食堂』の「さしみ盛り定食」（静岡県伊東市）

伊豆半島の食文化は複雑だ。水深が深いので水揚げされる魚貝類が非常に多様なのである。水深の浅い場所に深海性の生き物が入るのもこの地域ならではの特徴である。

四月中旬、午前三時過ぎに漁港に着き、沖合の定置網を見る。沖合で夜明けを迎えた。帰港して水揚げされた魚の競りを見る。

この時季、相模湾で揚がる魚はイサキにブリ、カンパチ、マアジ、クロムツ、カイワリ、カサゴ、ウッカリカサゴ、マルソウダ、ヒラソウダにマサバにカマス、サバフグ、ヒガンフグ、ヨリトフグにサメ類、スルメイカ、ヤリイカなどなどなどだ。たぶん水揚げされる魚をじっくり見たら半日はかかる。

不眠不休で動いているので、空腹感は頂点に達している。朝飯の食える店を競り人の方などに聞き、挙がったのが宇佐美にある『ふしみ食堂』だ。

「人気があるだー。昼は行列がすごい」

場所もわかりやすかった。伊東に向かう道すがら、派手な看板がいやでも目に飛び込んでき

東伊豆、網代漁港の定置網には珍しい深海魚も入る。

そのときとれたものが食べられる、それが最高の贅沢である。舟盛りが昭和な感じだ。

た。店は目立つが、店内は予想外に狭い。お客は地元の方らしき男性、一人っきりだった。

オカミサンがお茶を運んできた。品書きを見る限り、「焼く」、「煮る」、「生」を選べばいいらしいのがわかる。「煮魚は時間がかかる」というので、いちばん早くできそうな【さしみ盛り定食】を選ぶ。

「あら汁もお願いします」

待つこともなくやって来たのは、舟にのった刺身三点、あとは小鉢に漬物だ。刺身は赤みを帯びたものが「わらさ（ブリの若魚）」、少し白っぽいのがカンパチ、「めじ（クロマグロの若魚）」と見たが、自信がない。明らかに三点とも天然ものである。

残念だったのはアジ（マアジ）がなかったことだ。静岡県では相模湾のアジがいちばん高値をつける。それだけ東伊豆でとれるものはうまいのだ。

刺身よりも存在感大なのが、尾鰭が椀から完全にはみ出している「あら汁」だった。イサキ、シロサバフグ、わらさ（ブリの若魚）まではわかったが、細々したものは同定できなかった。

この「あら汁」がビックリするほどうまい。中骨にたっぷりついた身がほろほろとして甘味があり、浮き上がってきた主不明の肝が濃厚なうま味を舌の上に残す。

刺身にしょうゆをたっぷりとからませてご飯にのせてかき込んだら、やっと人心地つけた。刺身は三点とも鮮度、味ともに申し分がなかったが、特にうまいと思ったのが、相模湾や外房でこの時季に揚がる「わらさ」である。

ご飯の魚だけなのでお代わり必至だと思ったら、一膳だけで満腹になってしまった。

余談だが、「伊豆に来たらキンメダイ」も決して悪くはない。ただし都内でも鮮度のいいキンメダイは手に入るのだ。個人的な意見ではあるが、伊豆に来たら国内でも屈指の多彩さを誇る伊豆の魚をいろいろ食べてみてはいかがだろう？　例えば伊豆に定住して一生かかっても伊豆で水揚げされる総ての魚種は食べきれないと思う。それほど伊豆は魚種が豊富で、その総てが美味なのである。

この時点で、まだ九時前である。伊豆の多彩な魚貝類を求めて、いざ南下！

最近のチェーン店などでは絶対にお目にかかれない「あら汁」。

コラム
気になる　五平餅は御幣の形はしていない

愛知県東部のわらじ形。

岐阜県北東部直売所のだんご形。

滋賀県長浜市のたんぽ形。

長野県下伊那、道の駅の扁平二個刺し。

五平餅いろいろ

漢字は「五平餅」と「御幣餅」の二つある。

御幣とは木の棒に切り紙をたらしたもので、つぶしたご飯を串に刺した姿から来たものだろうか?

「五平」は人の名前だとして、要するにどちらも「ごへいもち」にわざわざ漢字を当てただけだろう。

それよりも貴重な米をご飯に炊いて、なぜつぶしたのだろう? そっちの方が気になる。たぶんくず米か粃《しいな》(ちゃんと稔らなかった稲の実)とか、ひこばえ(刈り取ったあとの株から出て来た稲にできた実)を炊いてつぶして作っていたのではないだろうか?

長野県、岐阜県、静岡県、富山県、滋賀県で見られるもので、ご飯をつぶして串に刺す。みそ、ゴマ、エゴマ、蜂の子、ハチミツなどでタレを作り、塗りつけたものだ。少しずつ集めているが、球形だんご形、平たくしただんご形、わらじ形、わらじ小形、槍のたんぽ形を採取済み。

岐阜県ではわらじ形の鉄型が売られていて、農機具や鍛冶屋さんで売られていたのだという。

共通するのは音「ごへいもち」と米を使っていることと基本的な甘辛い味わいだ。まだ採取数が少なすぎる。次は静岡県で五平餅探しをする。

わらじ型の鉄型。

『宮きしめん』の「宮きしめん」（愛知県名古屋市）

高知県土佐清水に「めじか節」の製造工場を見学に行った。そのときに話の中で出て来たのが中部地方での「めじか節」の消費量の多さだった。しかも名古屋名物「きしめん」に使われているのが「めじか節」ではないかという。

ちなみに中部、関西や四国、九州で「めじか節」というが関東では「そうだ節」という。サバ科ソウダ属マルソウダという魚が原材料で、関東では厚めに削って、そばつゆのだしに使うことが多い。

この、「めじか節」を調べに名古屋まで「きしめん（小麦麺）」を食べに行ったと言いたいところだが、要するにそのときあまりにも腹が減っていたので無性に「きしめん」が食べたくなっただけだ。

片っ端から「きしめん」を食らう。新幹線ホームで一杯、東海道線ホームで一杯。市内某所でも一杯。どれもいい味であった。

そして真打ち登場、チェーン店なのにファンの多い『宮きしめん』である。それは熱田神宮の森の中にあった。遠くから見ると原始の神宮の森の中にそこだけが現世といった感じ。活気

森の中で迷った末にたどり着いたといった店舗。

しょうゆ色が強いが意外にもあっさりとして上品なつゆで一杯では足りない。

があり、ざわついていて、微かにではあるが、節でとっただしのうまそうな匂いがしてきた。

まずはかなりの長さの行列の最後尾に並ぶが、列はどんどん短くなる。考えてみるとどれにするか、決めてもいない。

「宮きしめん、くーださい」

慌てていちばん無難なものを注文したら、あっと言う間にボクの番になっていた。席に着いたら後は食らうだけ。

いつも思うことなのだけど、上に乗っている血合いありのカツオ節って、必要なのだろうか？　例えばこれをどの時点で食べるべきなのか？　乾いた物を口に入れるとごわごわするし、完全につゆにぬらすとカツオ節の香りは落ちる。

ええ、ままよ、カツオ節を沈めて無造作にきしめんをすする。これが正解かも知れない。意外にもきしめん自体がとてもうまい。具の油揚げのようなものもいい。つゆは中庸というか、関西風よりもさっぱりしていて、香川などと比べるとまろやかである。

気がついたら、だしの材料のことなどなにも考えずに完食していた。これウマスギの証拠かも。さて、5杯目は何処に行くべきか？　名古屋人にもらったメモを開く。

『勢川本店』の「にかけうどん」（愛知県豊橋市）

三河湾の魚貝を調べるとき、泊まるのが豊橋市もしくは半田市である。ここから西尾市一色へ深海魚を買いに行き、また三河湾内の貝類であるバカガイ（青柳とも）、アサリなどのことを聞いたりと周辺域を車で回る。また三河地方周辺の淡水魚を探すときにも豊橋に泊まることが多い。ただし市内を歩いたことはあまりなかった。

市内にある豊橋魚市場は、規模こそ小さいけれど、多彩な魚介類が見られて、実際に買うこともできる。しかも関連業者（蒲鉾類や乾物、野菜などを売る）が魅力的なのである。

だから愛知県の山間部で食文化を見たり、スーパーをのぞく旅の終わりに、豊橋に泊まり、翌朝、豊橋魚市場で魚を買うことも多い。

さて、市場の節類や海苔、調味料を売る店で、「めじか節（そうだ節ともマルソウダガツオで作った節で関東ではそばつゆなどに使う）」の話を聞いた。名古屋は「めじか節」かも知れないが、豊橋は店それぞれで、節類の使い方に特徴はないことなどを聞き、「【にかけ】を食べたことがありますか？」と聞かれたのだ。【にかけ】は言語だけは知っていたが食べていな

豊橋魚市場には三河湾に揚がったばかりの魚が並ぶ。

【にかけ】は非常にウマスギであった。若い頃なら大盛り二杯はいけそう。丼はオプション。

かった。おすすめの店を聞いて市内へ行ったのだ。

市内中心部に駐車して仮眠をとった。驚いたのは車から『勢川本店』が見えたのだ。

それは昔ながらの普通の食堂で、【カツ丼】、【ハヤシライス】などがあり、【中華そば】もある。

店の方に【にかけ】をお願いして、物足りなさを感じて、【ミニ どて丼】をつけてもらった。

丼はともかく、【にかけ】とは不思議なものだったのだ。昆布の風味があまりしない、もしくは使っていないのかも。節の種類は上にのった削り節のせいでわからなかったが、「めじか節」ではない。言うなれば、ちょっと贅沢な「かけうどん」だけど、あっさりしたなかに節類のうまみがあって、いける味なのである。

ミニとはいえ丼をつけてしまうのはおデブの性だ。しかもこの店、品書きからしてどえりゃー魅力的。次回、豊橋に来たら、【カツ丼】食うぞ。

もっとも愛知県を感じる場所……

これは、【串カツ】、【どて焼き】でウイスキーのハイボールをやった後の【どてめし】小。半熟のゆで卵ごとぐちゃっとかき混ぜて食べる。

『島正』の「どてめし」(愛知県名古屋市)

愛知県の食文化は非常にユニークだ。外食メニューに変化球が多いのにはたいして驚かないが、基本的な調味料が豆みそ、たまりしょうゆなのだ。これを数日続けると、少し愛知県人になれる? 可能性がある。

愛知に行くと必ず買うのが八丁みそ、三州みそ、豊橋みそなどなど。同じように思えるが愛知県人はまったく別物だという。多くの地域が米糀豆みそなのに対して、麹も豆で、要するに原材料は豆と塩だけというのが愛知のみそなのだ。しかも愛知県人の豆みその消費量が多い、というか例えばみそ汁を作るときに使うみその量が非常に多いのだ。例えば他郷の人間が当たり前だと思う、みその量の二倍以上使う。しかも不思議なことに他郷人が同じように作ってもなぜか同じような味にならない。

豆みそのみそ汁はまるでポタージュのようだし、それで牛すじや大根、豆腐を煮たものは普通は「みそおでん」というべきなのに、しかも焼かないのに、【どて焼き】である。これを食べると愛知県の豆みその食文化の豪腕ぶりというか、実力がわかる。特に『島正』でハイボール(ウイスキー)をやり、仕上げに【どてめし】などを食べると強烈にウマスギすぎだし、愛知県民の嗜好がわかる。

『肴屋しんたく』の「熊野牛ステーキ」（三重県熊野市）

「紀州に行ってきます」

一週間近く家をあけるため、築地市場場内（現豊洲）に連絡しておいた。それがいろんな人に伝わりケータイが鳴る鳴る。みな和歌山県の港に連絡を入れてくれていたのだ。帰宅して、和歌山県ではなくて三重県だといってもわかってくれない。紀州（紀国）は和歌山県と三重県にまたがるのだ。圏央道、東名、新東名、伊勢湾岸道、伊勢道、紀勢道、熊野尾鷲道と、途切れ途切れで熊野市遊木漁港に到着。

闇の中、漁港の光りだけが遠くに見える。崖の上で暫し仮眠仮眠。徐々に目の前の太平洋が青くなる、このぼんやりした時間が好きだ。

長靴を履き、港に降りて地元の仲買、Nさんと合流する。競り場に入ると、沖縄か？　と錯覚しそうな魚が並び、マサバやアカカマスなど昔からとれている魚もいる。この熊野市周辺の海はまことに不思議である。何十年も探しに探した魚が、水揚げの中に混じっていたりするし、二〇〇〇年以降に新種記載された魚が悠々と泳いでいたりする。

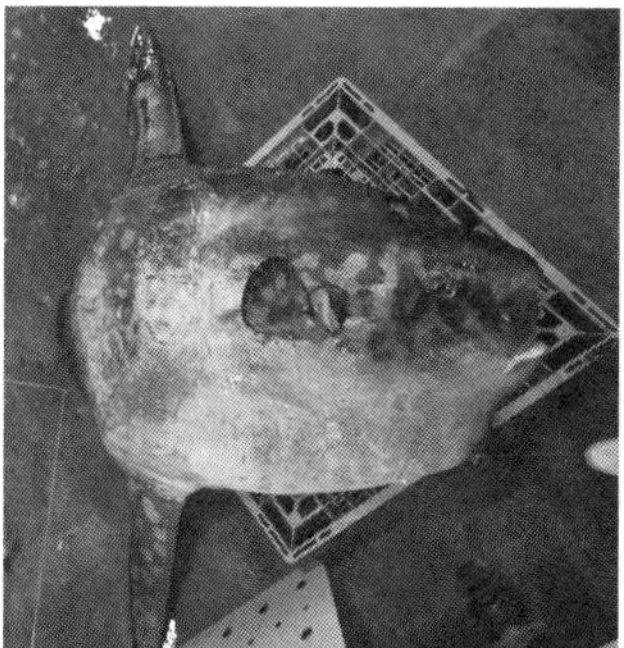
熊野市遊木漁港に揚がったヤリマンボウ。

オオモンハタ、アオチビキ、イサキかなと思ったが完全に同定しきれなかった。

水揚げを見ていても同定できない魚がいる、こんなに楽しいことはない。

遊木漁港の水揚げを見たら、今度は小一時間かけて、三重県最西端にある鵜殿漁港に向かう。鵜殿では定置で揚がったミンククジラの解体を見て、定置網などの魚を見る。

見事なアジ（マアジ）がある。アジは誰でも知っていると思うが、産地で顔つき（姿）が違うのだ。考えてみると鵜殿港も築地などでしばしば和歌山県だと間違われている。

そのまま尾鷲まで戻り、ホテルに泊まって、地魚のすしを大食いして、酒も鱈腹飲む。

翌朝は尾鷲漁港で深海魚の水揚げを見る。ここに揚がる深海生物は遠州灘、熊野灘の底曳きもので、非常に種類が多い。鮮魚店のアニキにめぼしい魚を競り落としてもらう。漁師さんに選別で廃棄する魚をいただく。

熊野市と言えば水産物だけではなく柑橘類や熊野牛も非常に有名。かつ美味。

ここから水産民俗学（こんなものあるのかな？）では重要な二木島、鬼ヶ城などを経て熊野市大泊にたどり着く。

ここには、知る人ぞ知るラーメンの名店がある。定番の醤油ラーメンをむさぼり食う。朝ご飯兼昼ご飯なので足りなくなって、カレーラーメンも追加。しばし海の見える場所で眠る。

起きたら夕方近かった。

熊野市に宿を取り、地元のNさんにSOSを送る。「助けてー」と行ったら来てくれる。まるでマグマ大使（もう誰も知らないと思うけど）のような人だ。

宿で倒れていたら、夕暮れ時に、地元で人気の店に連れて行ってもらった。

座卓に座るといきなり、握りずしの大皿がきた。これは早朝から魚を扱っている人たちの流儀なのだ。まずは酒よりもすし（飯）なのだ。

ボラの卵巣で作った唐墨。ビンテージものは色が濃い。

オオモンハタ、イサキ、アオチビキ（?）まではなんとなくわかったが、あと一種類がわからない。このすしをつまみながら飲む酒がいいのだ。刺身もいろいろありすぎて同定不能になる。超貴重なコブセミエビの刺身のうまさにおののいたところまでは記憶にある。昼からの疲れに体が揺れてくる。

いろいろ食べたが、全部が全部いやんなるくらいにうまいのだ。もう打ち止めかなと思ったときにそいつが来た。

真打ちはお後に控えております。熊野市名物、【熊野牛のステーキ】である。Nさんが「素敵！って言わないんですか？」というので「ステーキ」と素直に返す。それくらい軟らかく芳醇で、肉のうま味に満ちている。東紀州にこんな名品があるとは。「牛の音も出ない」。

後はNさん自家製の熟成唐墨をつまみながら酒を飲む。三重県西部の尾鷲・熊野は唐墨で有名である。市販品も素晴らしいが、実はいちばんうまいのはNさんの熟成唐墨である。「何年ものがいいでしょうね？」と聞かれたところまでは記憶があった。後はおぼろ、なのだ。

地酒の太平洋がとまらない。明日動けなくなったら、どないしょう。

酒を飲んだ翌日の熊野灘。まぶしい。

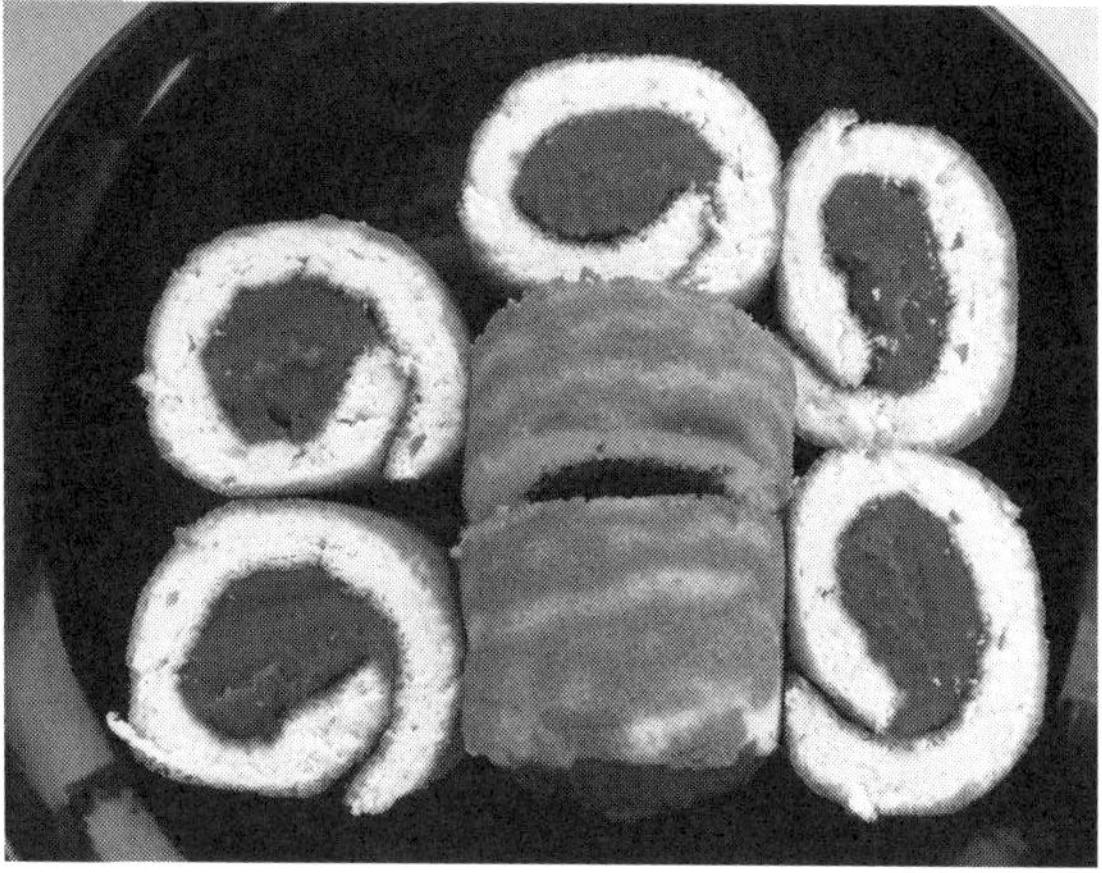

いわゆるロールカステラだが、渦巻きではなくあんこが多く「のの字形」。

『綿花堂本舗』の「九鬼水軍　虎の巻」（三重県尾鷲市）

三重県尾鷲市にはたくさんの漁港があり、漁法が多彩だ。深海魚から磯の小魚まで、多種多様な水産物が見られるボクの大切なフィールドワークの地だ。

水揚げを見たら必ず向かうのが九鬼漁港だ。九鬼水軍発祥の地ともされる天然の良港を抱え込むように入江が深く切れ込む。山中の国道を尾鷲から西にズンズン登り切ると九鬼漁港に下る脇道がある。これをキュルキュルと急カーブを曲がり曲がり下って行く。目的は深い入り江のなかほどにある『綿花堂本舗』だ。

たどり着いたら、「なぜ、人影まばらな入江の奥に、こんな老舗が存在するのだろう」と誰もが感嘆するはずだ。

この店で売られているのはカステラ巻きだけだ。カステラ生地であんを巻き込んだ、いわゆるカステラ巻きだけだ。【九鬼水軍　虎の巻】は巻きが不完全になるほどあんこがたっぷり。このあんこの味がとてもいい。普通のカステラ巻きはあんことカステラが対等の関係にあるが、明らかに主役はあんこである。姉妹品にクリームを巻き込んだものもある。

五本箱入りを抱えて、帰途につく。途中のサービスエリアで一本切らずにそのままで食らい、帰宅後一日一本ずつ食べる。十本買ったらよかったと思うほどうまい。

『茂美志や』の「のっぺいうどん」(滋賀県長浜市)

琵琶湖周辺には調べなければならないことがいっぱいある。出合っていない淡水生物も多いので定期的に通っている。

そんなある日、琵琶湖に流れ込む河川で魚取りをした。流れのなかで魚をいやというほど追い回し、疲れ果てて土手に上がったら、地元のご婦人方(平均年齢八十四歳だった)が楽しそうにおしゃべりをしていたのだ。ウエーダーに手網、大きなバケツに接写用の水槽を持ったボクを見てひとりが、

「おにいさん、年寄りびっくりさせたらあかん」

確かに、三百六十度どこから見ても怪しい風体である。川に入ってから四時間以上になる。はげしい空腹感が襲ってくる。「このへんに食堂なんてありませんよね」と尋ねると、

「あんたなんや寒そうやね。のっぺ食べたらええやろ」

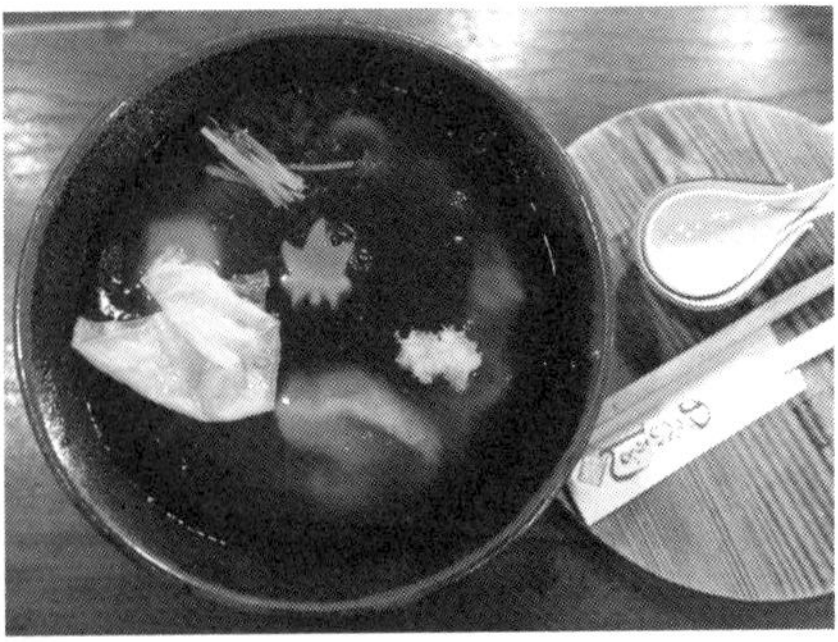

木ぶたの上にれんげと箸。下から顔を出したのはあんかけうどん。

琵琶湖も面白いけど、流れ込む河川もすごい。

と教えてくれたのが『茂《も》美《み》志《じ》や』だった。

長浜市でいちばん賑やかな通りに店はあった。大河ドラマの舞台になったせいもあって観光客であふれていた。どことなくイヤな雰囲気ではあるが、たまには観光地で名物的な店もいいかもと観念して、大きな暖簾をくぐった。なかは満席に近い繁盛ぶりだった。店の方はてきぱきと注文をとっている。空腹感がピークを通り越していたので、何も考えないで素直に名物の【のっぺいうどん】をお願いした。

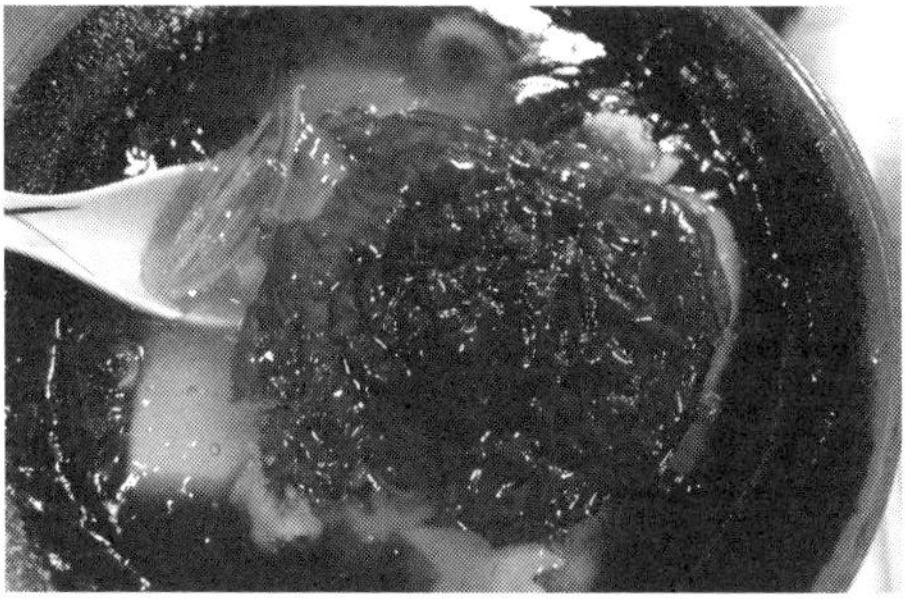
あんの中からしいたけを掘り出すって感じ。これが実にうまい。

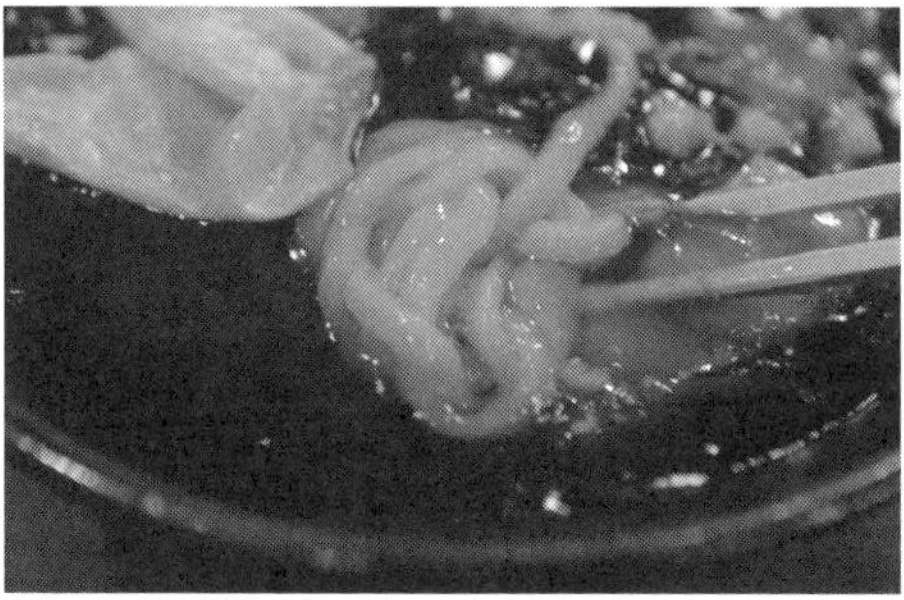
あんのとろみが絶妙である。だしの風味もとてもいい。

　ほどなくそれはやってきた。この素早さが老舗のよさだ。それは素っ気ないくらいに簡素であった。丼の上に木蓋、その上にレンゲと割り箸がのっている。

　ふたを取ると、干ししいたけの香りがして、とろみのあるつゆの下に大きな黒い物体が沈んでいた。干ししいたけ（香信）だ。うどんもすすらず、とろみのついただしをすすり、干ししいたけにかぶりつく。陶然となるくらいに猛烈ウマスギである。紅葉麩やゆば、蒲鉾、水菜など具が多彩でおいしいが、このだしのきいたドロリとした汁としいたけだけで、もう十分にヤラレタといった感じ、やたらにご飯が欲しくなるのはなぜだろう。本山荻舟の『飲食事典』をひもとくと、「のっぺい」とは江戸時代に出た『料理物語』（寛永二十年）に鶏肉、野菜などを使った汁を小麦粉もしくは片栗粉でドロリとさせたものとあり、もともとは一般的な家庭料理だったらしい。

店は大正元年創業（一九一二年）。この店の【のっぺいうどん】は大阪の「あんかけうどん」と京都の「しっぽくうどん」を合わせたものだと書いてある。京・大阪の「あんかけうどん」は、つゆがどろりとしたあんで、真ん中にちょこんと下ろししょうががのっている。「しっぽく」は蒲鉾や卵焼きやゆばなど様々な具がのったものだ。これを合わせるとこんな素敵なものになるのだ。

どろりとした汁にうどんをからめながら食べている内に、汗が噴き出てくる。熱い、うまい、熱い、うまいが交互に来る。

汗を拭きながら大きな丼に汁一滴も残さず食べ尽くす。

店を出ると、冷たい風が心地よい。湖魚の産卵期が近づきつつある、また長浜で泊まることになりそうだが、居酒屋に行く前、腹ごなしに「のっぺいうどん」も、悪くない。

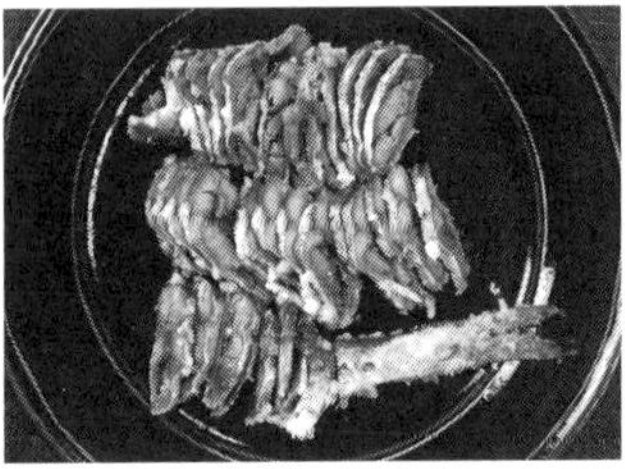
長浜土産は湖魚、うぐいのなれずし。

『権八』の「うどん」（京都府京都市）

知り合いに「京都に行ってました」というと「うらやましい」なんて言われるが、ボクの京都行は普通ではないし、遊びでもない。目的地は東山でも四条河原町でも上七軒でも壬生でもないし、寺社仏閣でもない。早朝三時過ぎに向かうのは七条である。ここにあるのは京都市中央卸売市場水産棟である。京都の市場は細長く南は水産棟が七条に面し、北は青果市場が五条に面している。

ここでやたらに水産物・加工品を買いまくる。京都でなければ手に入らない「一汐ぐじ（アカアマダイの塩もの。京都では鮮魚よりも一汐なのだ）」、ホンモロコ（琵琶湖特産）、戻した棒だら（マダラの乾物）、関連棟に行くと様々な麩、京都の練り製品に丹波産のあずきや北海道産の白小豆、上質の昆布などもある。

いっぱい買いすぎて、お財布が空っぽになって、疲れ果てて向かうのが市場でも場外といえそうな場所（一般客が入れる）にある『権八』なのだ。ここでオヤジサンとあれこれしゃべくりながら、熱々のうどんを食べるのが実に楽しいし、勉強にもなる。

オヤジサンは、うどん屋で修業してうどん屋を始めたという、今どきめったにいない本格派

京都中央市場の凄腕仲卸に挨拶して歩く。

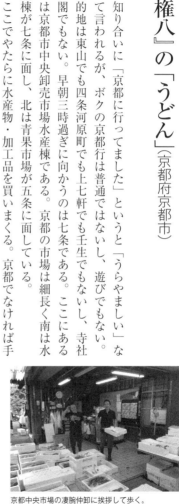

なのだ。だしの取り方、意外に複雑な京のうどん屋の品書き、例えば「きつねうどん」にも油揚げを甘辛くたいた【甘きつね】、油揚げを刻んで入れた【きざみきつね】などがある。またうどん屋ならではの丼である【木の葉丼】、【他人丼】など完璧に会得しているので話がとても面白い。

いちばんのお気に入りは【はりはりうどん】とご飯である。豚肉と水菜（この食感がハリハリなのだ）を炊いて、うどんにかけたもの。中のうどんを食べたら、残ったとろみのついたつゆをご飯にかけて食べる。これがやたらにウマスギ！三杯飯だってお茶の子さいさいだ。

うどん屋の丼でイチオシなのが【きぬ笠丼】だ。京都北山にある衣笠山の形にちなんだ丼で、油揚げをうどんつゆで煮て卵でとじて丼飯にかけている。大阪ではこれを【きつね丼】といい、稲荷神社のお使いであるキツネの好物、油揚げを使うことから来ている。ボクはこれを、液体をすするように食らうのが大好きだ。京都人が愛している山椒がいっぱいかかっているところもいい。この上にボクはこれでもか、とまた山椒をかける。

京都に夏の訪れを告げるアコウ（キジハタ）の活魚。

最近、関西の「あんかけ」が気になって仕方ないので、お願いすると、

「卵はどうする」

「あんかけに卵入れますのか？　入れた方がうまいと思うけどな」

たいた油揚げとねぎを卵でとじてご飯にのせたもの、味つけが素晴らしい。

はりはりうどんは軟らかな豚の三枚肉と水菜。つゆでご飯が美味。

　素直に「卵入りあんかけ」をお願いしたら、丼のなかが黄金色だった。ほんのちょっぴりすすっても、

「アッツツツ、でもウマママママママ」

「なに言うてますのや。ゆっくり食べてな」

「熱いけどウマウマ、ウマスギ！　ゴーゴーって言うてます」

　食べても、食べても減らないのが「あんか

うま味豊かな汁に、とろみをつけたつゆに溶き卵をゆっくり流し込む。

け」の特徴。このウマスギは汁にとろみがついているため、舌の上に留まる時間が長いためかも。「腹一杯になりましたやろ。昔は腹持ちがいい言うて、食べたいときになかなか、ご飯食べられへん料理人さんが、寒い時期に頼むことが多かったといわれてます」

この店にいると、市場の情報が集まる。「たら（十一月なので棒だらのこと）高いな、とか、「阿波もん高こうて淡路にしましたん」は「ちりめん山椒」に使うちりめんの話だ。

京都には買い出しだけを職業としている人たちがいる。この達人たちに勉強させていただけるのもありがたい。老舗料理店の方と気安く話ができるのも、市場の食堂でなければ絶対に無理だろう。

腹がふくれて魚屋、麩屋、鶏肉屋、八百屋、乾物屋、カツオ節屋と朱雀宝蔵町を東西南北走り回り、荷物を出したら、またお腹が空いてきた。

『西陣 ゑびや』の「なすとにしんのたいたん」（京都府京都市）

京都には四季折々に出かけていく。未だに昔ながらの食文化を残していることや、国内でもっとも魅力的な市場（京都市中央卸売市場）があるためだ。祇園祭の七月、早朝、ハモの値段と入荷状況を見た後は街歩き。北野とか、西陣界隈を当てもなく彷徨い歩き、昔ながらの食堂を見つけて、食堂のおかずで飲み、うどんか丼で〆るというのがマイブームだ。京都でいちばん好きなお散歩コースは大宮通りを下ル（南下する）のと、中立売通を西に入ル（西に向かう）だが、この『西陣 ゑびや』は大宮通に面してひっそりと建ち、暖簾がなかったら普通の家と見まごうばかりだ。間口から考えると、店内に無駄なものがないこともあり広く感じる。奥に厨房があって湯気が見えるのがいい。

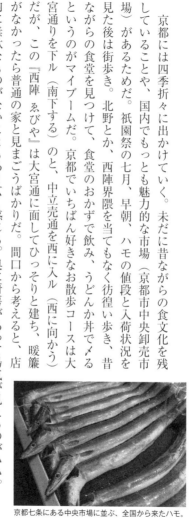

早速【とんかつ弁当】の主菜で生ビール。京都の八月は憎らしいほどに暑い。体中の水分を出し尽くしての生ビール立て続けに二杯が、めちゃくちゃにうまい。「とんかつ」も食堂のものと思って侮ってはあきまへん。揚げ加減、豚肉の質ともに言うこと無しなのである。

京都七条にある中央市場に並ぶ、全国から来たハモ。

よく京都の人は「いけず」だと言われる。確かに東山あたりで酒飲みどころを探していると

これにみそ汁と漬物がつく。要するに定食の主役だけをもらったもの。食堂酒のうまし肴だ。

ヤな思いをすることもあるが、食堂にはこれがない。

もとは西陣の織り屋のだんはんだった、という常連さんが【にしんうどん】(そばだけではない)を食べながら、

「あんた、どこから来やはった? 観光やおまへんな。このあたりが好きて、お目が高いな。ここから大徳寺はんあたりには、隠れたええ店がいっぱいあります」

【だし巻き卵】をお願いして、熱燗にかえる。酒の銘柄は、食堂では聞かないのが作法だ。甘くもなく辛口でもなく、燗のつけ加減絶妙のうまい酒である。つまみは「お浸し」だけなのに酒が進んでしゃーない。

「オカミサン、もう一本」

「よう食べるし、よう飲むなー」

銚子二本が三本になってやって来た、【だし巻き卵】が大きいし強烈ウマスギだった。だしと卵の風味が生きていて、味つけが控えめで優しい。「ほかになにかありませんか?」。

「なすとにしんならあるけど」

戻した身欠きニシンと賀茂なすを、あっさりしたしょう

ゆ味で炊いたもので夏の京の定番的なおばんざいだ。

「お盆明けなら鱧《はも》があるんやけど、なー」

おお、鱧！　関西では祇園祭、天神祭りの七月いっぱい値が高く、八月になると途端に値が下がる。お盆を過ぎるとより一層下がる。合理的な考え方の関西では「祭り鱧は食うな、盆すぎて食え」なんて言う。鱧も食いたいけど、この身欠きニシンの下だきの上手であること、なすの煮え加減も絶妙で、これこそは京都でしか味わえないものだ。

蝦夷地（北海道）のニシン漁が盛んになって、松前藩が北前船を使って全国的に身欠きニシンを流通させたのは江戸時代のことだ。漢字「鯡」は「魚に非ず」で、魚ではなく年貢（米）と見なしたことによる。ちなみに「二身」という説もある。これはニシンの身を二つに割ることから来ている。硬く干し上げた身欠きニシンは、今は左右二つに割るが、古くは上下に割っていたのだ。そして内臓をつけた方（腹側）はゆでて干して主に肥料にしていた。卵巣は数の子でこれも江戸時代のものは干していたのだ。

身欠きニシンに目が行きがちだが、この鰊粕（肥料）が日本全国にもたらされたために、江

やって来た途端に卵の香りが立ち、箸でつまむとだしが染み出す。

戸時代の畑作、例えば大阪泉南の綿花栽培などが飛躍的に伸び、それまで高価だった綿製品を庶民の手の届くものにした。身欠きニシンと数の子、鰊粕を、北前船を使って比較的良港が多く安全であった日本海を航行して運んだ。そのためだろう、今でも身欠きニシンをよく食べるのは日本海沿岸と本州の山間部である。

身欠きニシンをもどして賀茂なすとまったり甘さ控えめに炊いたもの。

身欠きニシン、棒だら、乾燥麩、昆布、干ししいたけ、塩蔵サバなど、塩もの・乾物を使った料理は山間部で発達する。例えば日本各地の卸売市場に行くと山間部ほど乾物の比率が高いのだ。同じように京都市中央卸売市場における乾物を扱う店は異常と思えるほどに多い。京料理の繊細で奥深いのは、盆地という土地柄ゆえとも考えられるのだ。

最後にお銚子を一本だけつけてもらって外に出た。まだ午後七時を過ぎたばかり。食堂での長居は禁物である。

支払いは、お銚子が何本も並んでいるのに四千円でおつりがきた。これだから食堂酒はやめられない。次回は秋のおばんざいを楽しみたい。大宮通を下ルとお寺の境内で祭りをやっていた。ふと綿菓子でも食べたい気分になる。

いろいろ考えて、大人の綿菓子を探すことにする。

コラム
気になる 市場人の間食……

揚げたてを半分に破いた紙袋に入れて手渡ししてくれる。なにもつけないでもちょうどいい塩加減。ガジリと音がするくらい香ばしい。

『イマムラ総業』の「ミンチカツ」(京都府京都市)

京都七条の中央卸売市場内の食堂でさんざん大食いをして、腹ごなしに京都駅まで歩いていると、肉屋さんから香ばしい油の匂いが漂ってくる。

地元のオバチャンが二、三人並んで【コロッケ】や【ミンチカツ（決してメンチカツではない）】などを買っているのを見て、後に続く。あちらこちらに下がった看板やら、売り文句を書いた紙やらがベタベタ貼ってあるが、造りはいたって普通の肉屋である。

「ミンチカツひとつ今食べてと……。持ち帰りでコロッケ、ビフカツ、ミンチカツを三つずつください」

右手の方からお願いすると、黙って半分にやぶいたような紙袋にミンチカツを入れて、「ほい！」と渡してくれる。

熱いうちにかじると、ガリっと音がするくらいに表面が硬い。この「ガリっ」と同時に口の中に香ばしさと肉汁が溢れてくる。表側は菓子のようで、中心部は肉のエキスたっぷりのゴージャス感あふれるメインディッシュといった感じ。これ一個が京都名物で超高級な「若狭グジ」に負けないくらいうまいと、デブの自称魚介類研究家は思う。

深夜から朝にかけて激務が続く市場人には土地土地で間食があるが、これもそのひとつだ。

『ちょい寄り亭 居食 浪漫』の「たこぶつ」（京都府宮津市）

京都の外食でもっとも危険な食べ物が「ぐじ（丹後半島では「くし」でアカアマダイ）」の焼きものだ。食べた後の支払いが危険なのだ。そのぐじ漁を取材に丹後半島のつけ根、宮津市にやってきた。ただし宮津市といっても天橋立からは遠い日置という小さな港のある海辺の集落だ。ちなみに丹後半島で揚がるアカアマダイを「丹後ぐじ」というブランドで出荷しているが、味は天下一品である。

秋の日は暮れるのがとてつもなく早い。漁師さんと明早朝の打ち合わせをして、旅館に帰り着いたらあたりは真っ暗である。

漁師さんに教えてもらった店を目指し、闇夜を歩く。真っ暗闇の田んぼの真ん中をはしる、人一人がやっと通れる道。遥か国道あたりに派手な灯りが見えるが、あれが目指す店らしい。たどり着いたら、そこは別世界だった、というと語弊がありそうだが、要するに外見は派手だが、店内は普通の食堂というか居酒屋だったのだ。

若狭湾、丹後半島沖の「くし（アカアマダイ）」漁。

店の方も常連さんもいたって親切だ。ただしこの店、夜、よそ者が来ることはほとんどないのではないだろうか？　周りには駅もなければめぼしい観光地もない。定食類が多いので、お昼は明らかに食堂、夜は居酒屋で常連さんたちが各自てんでんバラバラに酒を飲んでいる。とりあえず生ビール、とりあえず煮込み、とりあえずレバーを炒めたものをお願いする。ボクは最近、疲れがたまるとなぜかまずは肉となる。この日は車で走ること五百キロ以上。激しい一日が終わっての生ビールがうまい。身に染みる。待つこともなくやって来た、炒めたレバーがこれまたウマスギだ。煮込みも手練れの味である。

酒にする。冷えたのは「久仁子の酒」、ラベルの久仁子さんがかわいい。本物を見てみたい。丹後半島の先端、伊根町にある酒蔵・向井酒造の純米酒だ。適度に、うま口で後味がダレない。

このような総菜的なつまみがうまいのも魅力。

伊根町『向井酒造』の向井久仁子さんの自慢の酒。

この酒の味からつまみを選ぼうとして迷った挙げ句「たかばの煮つけ（イシダイ）」をお願いしたら売り切れだった。「さんきゅう（シロサバフグ）は?」これも売り切れだ。

オカミサンの、「ウチはタコ漁師だから【たこぶつ】がええよ」に従う。

やってきたものを見ると意外にもマダコである。山陰以北の日本海側はミズダコの方が多く、マダコは少ない。若狭湾の浅場でとれたものとみたが、うれしい誤算である。

タコならではの小豆を煮たときのような香りが高く、実にうまい。食感が心地よく、適度に軟らかいのは、さすがにタコ漁師、よほどゆで方がうまいのだろう。

次のオススメを聞くと、アジの刺身だという。出て来たものは刺身一片が片身なので手のひらに入る小アジだろう。見るからに脂がのっていて、口に放り込むやとろける。やたらにウマスギ。マアジは北海道から九州まで日本各地でとれるが、内湾でとれるものの方が味がよく、また脂ののりは大小に関わりがない。

ちなみに品書きのどこを見ても小アジの刺身はない……、気がする。この店は品書きを見るよりも、オカミサンにその日のオススメを出してもらうに限るようなのだ。

さて、この時点でまだ午後七時過ぎ。ただ、明日は朝というよりも、夜には若狭湾に出て「丹後ぐじ」漁の取材をしなくてはならぬ。

日本海にはマダコよりもミズダコが多いが、これは明らかにマダコ。

片身で刺身一切れなので小アジ（マアジ）だが脂がのっている。

『日本酒 弘大』の「肴」（大阪府大阪市）

まずは酒の肴が出てくるが、実によくできている。ウニ、茶振りなまこに酢ガキ。

大阪に行き泊まるのはいつも福島周辺である。駅にするとJR福島駅、野田駅、野田阪神あたりだ。別にこのあたりが好きなわけではない。大阪中央卸売市場に近いからだ。ただ長年大阪の市場に通っている内に福島や野田周辺が好きになってきた。市場だけではなく昔ながらの長屋を見て歩くと、これが大阪だ、という気分になれる。ステテコ一丁で掃除をするオッチャンと話をするなんてことも楽しい。古い定食屋、昼間っから飲めるおでんの店などなど、馴染みの店ができてくる。忘れてはならないのは、野田には今や絶滅してしまいそうな大阪ずしのすし屋が頑張っていることだ。

ここで市場学（こんな学問はないと思うが）の大先輩

福島にある『弘大』から野田まで酔い覚ましに歩く。

お造りは毎回違う。熊野灘でとれる珍しい魚満載なんてこともあって心ときめく。

と、大阪らしいすしを食べるなんて最高なのだ。

いつも宿に着くのは夜遅くになるので、なかなか飲みに出るというわけにはいかない。

ある日、奈良での取材がキャンセルになった。昼間に大阪にたどり着けるのはいいが、どこで酒を飲んだらいいのだろう。福島のおでん屋にしようと思っていたら、大阪の仲卸の方からケータイがきた。

「福島に、元気でおもろい店があるんです、時間があったら行ってみてくださいね」

渡りに船なので、まだ日の落ちる前に行ってみた。これが『日本酒 弘大』だった。店内、日本各地の日本酒がずらりと並んでいる。知らない酒蔵の酒も多い。ひとまずビールを飲み、つまみをお願いする。要するにお任せである。

お初のときのお造りは「ぼたんえび（トヤマエビ）」にヒラスズキ、「めじ（クロマグロの幼魚）」、ヒラメで、すべて上物ではあるがおとなしい品揃えだった。ただし出てくるものすべてウマスギで酒がすすんで困る。大阪にはネタはともかく、料理の実力はトップクラスという店は多い。しかもカウンターの中の大ちゃんがいいのだ。

二回目は大阪福島にあるアルファベッドのつく放送局で小さな仕事をしたときだ。福島ときたら『弘大』に決めてもいい。そんな気分だったので、迷わず予約する。

カウンターに座ったなり、出て来た酒の肴の、素材自体がグレードアップしていたのだ。お造りが最高だった。新年早々なのでヒラスズキ、ヒメダイ、カツオ、ヒゲソリダイなどなど。大阪の他の店では食べられない魚ばかりが出て来た。

クロマグロのトロのフライも最高だったし、クレソンをさっと炒めただけというのにも香りでウットリ。おでんにほっこり。

酒は福島の「田村」、千葉の「香取」、ボクにはお馴染みの山形の「鯉川」や島根の「王禄」とこの日もまたまた飲みすぎだった。

さらば、と言う前に【さんまの丸干し】が来た。もしや、熊野か？　今、熊野の丸干しは激レアなのだ。まさかと思うが、大ちゃんの後ろに熊野のNさんがいる気がしてきた。

クロマグロの大トロに近い部分のフライ。

今や貴重すぎる熊野灘のサンマの丸干し。

『夫婦善哉の柳吉』が「ライスカレー」と言う【名物カレー】をお願いするのは勇気がいる。

『自由軒 難波本店』の「名物カレー」（大阪府大阪市）

難波には食の専門書店『波屋書房』（織田作之助の先輩格・藤沢桓夫の同人誌『辻馬車』を出した）があり、また戎橋にはこれまた大阪の食文化を語る上で重要な『大寅蒲鉾』がある。『波屋書房』で大阪食の本を買い、『大寅蒲鉾』で鱧の皮を一本買いするのがボクの大阪といえそう。

近いこともあって難波のかやく飯で有名な『大黒』へカレーの『自由軒』でお昼を食べることが多い。『自由軒』では一度も織田作之助の「トラは死んで皮を残す、織田作死んでカレーライス」の【名物カレー】は食べたことがなかった。ボクには有名店に行って有名な品書きをお願いする勇気がない。でも織田作ファンのボクなのだから一度は食べてみまひょか？　お願いすると、「わかってますがな」といった顔をしてコテコテのオバチャンはくるっとターン。

あっと言う間にそれは来た。あらかじめこれでもかと、ルーとご飯が混ぜてあって、なぜかボクの嫌いなかき混ぜていない生卵がのっている。イヤや、とは思ったがもう一度猛烈混ぜ混ぜして食べてみた。

このメチャクチャ混ぜ混ぜが意外すぎるほど意外にもウマスギだった。これが二〇〇九年秋のこと。以降、かき混ぜていない、【別カレー】は食べていないのだ。

『ピコ』の「玉子焼き」など（兵庫県明石市）

明石市に夢中だ。日本一のマダイ、タコなどが揚がるし、またここには日本一の目利きがいて、貴重な話が聞ける。その目利きの一人が、いつもほがらかで心優しい鶴ちゃん（鶴田真宣さん）だ。明石きっての料理名人でもある。そんな鶴ちゃんが、お母さんと西明石駅前でやっているのが『ピコ』である。

「店の名前もユルイですし、こっち（関西）やったら駅前によくある『たこ焼き屋』みたいな感じなんです」

と市場関係者が口を揃えていうが、店の造りはそうでも、密かに作り出す魚料理は天下一品。だから『ピコ』はボクにとってはおいしい魚料理を食べに行くところだった。なかなか玉子焼きを食べないボクに明石の市場人が、

「あすこの玉子焼きは昔ながらの、子供の頃からの味なんです」

ちなみに「明石焼き」は東京などで勝手につけたもので、地元では使わない。

西明石駅前には昔ながらの商店街があり、区画整理された明石駅周辺よりも魅力的である。

『ピコ』は何の変哲もない地味すぎる店だ。その上、店内はとても狭い。鶴ちゃんのお母さん

明石浦漁協の競りは重さも量らず見ただけで値を決める。

に挨拶すると【玉子焼き】は待つほどもなくやってきた。「来たらすぐに食う」が明石流だ。目の前の明石人がいきなりソースをちょんとのせて口に放り込む。

「今日はソースからなんや」

「そうです。でもだしから食べてくださいね」

というのでだしに落とす。とても軟らかいので、ぬるいだしの中に入れると割れてしまう。それで、だしと一緒にすすり込む。

お母さん曰く、「タコの頭を使うから子供のお小遣いでも食べられるのだ」という。明石のタコは有名だ。値段も高いが、頭だけは値段も安く出荷しないこともある。

「昔から玉子焼きはタコの頭を使うのが本当なんです」

江戸時代に明石で作られていた「明石玉」という装飾品。作る工程で必要だったのが卵白で、卵黄は不要。その卵黄と安い頭が一緒になってできたのが「卵焼き」なのだ。

うまい「玉子焼き」は明石市の中心地から離れたところにあるという。確かに地元民が紹介してくれる店は、必ず市の中心から外れた漁師町や、『ピコ』のように数

だしに放って食べると柔らかくてくずれるよう。タコの食感が別種のうまさを。

駅離れたところにあったりする。だしの次にはソースで食べ、だしに玉子焼きを落として、ソースをちょんと乗せて食べるのもうまかった。「お好きなように食べてくださいね」が明石人の【玉子焼き】の食べ方だ。『ピコ』の【玉子焼き】は粉臭さがなくふんわり軟らかく、口の中でほわっと溶けて超ウマスギ！

ブリのだしと切り身、粕の香りが高い。食べすすむ内に体が温まってくる。

「粕汁も食べていきませんか？」とお母さんが言い、鶴ちゃんが「うどん入れたらええ」と言う。

「ここら正月はブリですから、新年は来る日も来る日も粕汁なんです。子供心にイヤでした」

ボクは関西に来ると無性に粕汁が食べたくなる。これを肴に一杯というのも好きだ。『ピコ』の粕汁はブリのあら煮こんにゃく、にんじん、大根が入っていて、うどんと絡んで粕の香りとみその風味が高くおいしい。

熱血明石愛の人曰く、「子供のときはイヤだったもんですけど、今なら毎日でもいけます」がわかる気がする。

さて、明石を後に、本四連絡橋を徳島に向かって走らせながら、やっぱり【玉子焼き】お代わりすればよかったと後悔しきり。鶴ちゃんまた食べに行くからね。

小さな市場の奥にある……

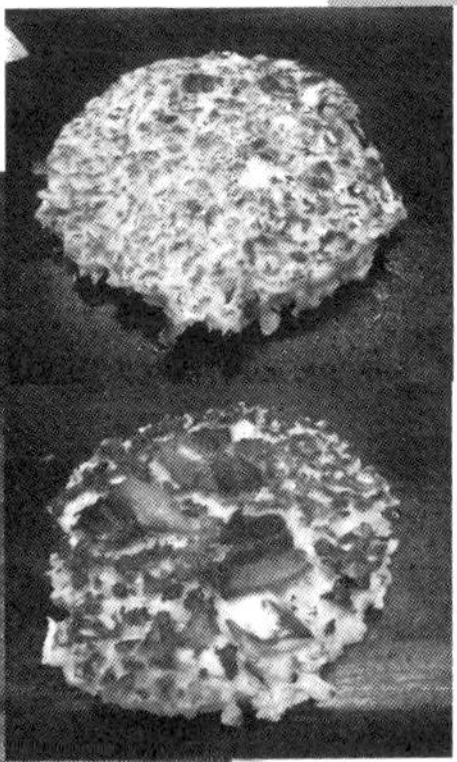

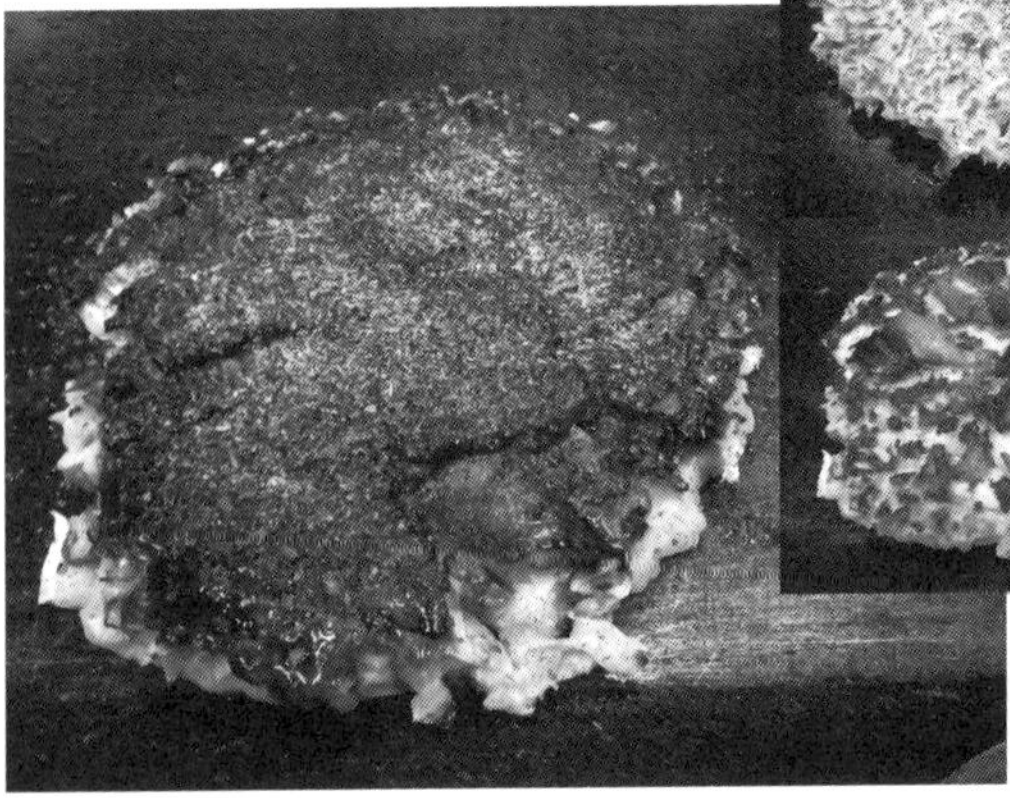

関西に来たら昼ご飯のお好み焼きは当たり前。この店も家族連れも来るし、サラリーマンが飯を食いにもくる。

『寿々屋』の「豚玉」(兵庫県尼崎市)

阪神電車尼崎界隈が面白い。遊郭の名残があり、古い市場がある。このがさついた町は、言うなれば神戸や芦屋などに対しての下町的な地域だ。駅を出て西へ水産物を探し歩き、市場を見て歩きに歩いた。

ふとお好み焼きが食べたくなった。大の大人がお好み焼きは、関東では考えられないが、関西では普通だ。「ナイス市場」というお気楽な名前の市場の奥で見つけた『寿々屋』ののれんをくぐる。【名物スープたこ焼】にも惹かれたが、やはりお好み焼きが食べたい、ので【豚玉】にする。

オネエサンが鉄板に油を引く、ごま油の香りが立ち上がってきた。先に豚肉を鉄板に並べ、ボウルに生地と具を入れてかき混ぜ、鉄板に流し込む。要するに大阪焼きだが、驚いたことになかなかひっくり返さない。忘れた頃にひっくり返すとかなり焦げ焦げ。そしてまた長いことそのまま。表面に豚肉が焦げて黒くなっている。

たっぷりの甘すぎないソースと青海苔、魚の粉が振りかけられる。もう行くしかないやろ。小ヘラでさくさく切っては食う。表面だけではなく中まで香ばしい。「これ、ウマスギでんなー」と大阪風に賛美の言葉を残して店を出た。近いうちに謎の【名物スープたこ焼】、食べに来まっせ!

『水軍』の「定食」（兵庫県南あわじ市）

最近、アジ（マアジ）は淡路島周りのがいい。日本全国に「アジ自慢」の地は多いが、ここ数年淡路島のアジがいちばん安定している。このアジを調べるために、淡路島のなかでも釣り漁師の多い沼島に行った。淡路島本島から海上十五分ほどしかかからない。同行した方々とともにまずは腹ごしらえをする。

島で昼飯をとる、となると。「ここしかありませんね」とついていくこと数分で、その名も『水軍』という店の前に着いた。

なんともメタリックな外観だが、海まで数歩のところにあるので「潮風に負けぬ建物となるとこうなるんだろうなー」、なんて思う。大漁旗を思わせる「鉄板料理 水軍」ののれんが実にいい。ちなみに「沼島水軍」は歴史的にも有名で、この店名が決して突飛ではないことを書いておきたい。「沼島といえば水軍」と憶えていて欲しいとも思う。

真新しい清潔な店内を見渡して、見つけた品書きはそれほど多くない、基本は定食か丼かしかない。ただ、選ぶのが超難題だった。【鯵たたき定食】、【鯵フライ定食】にすべきか、【アオリイカ刺身定食】、【鯵丼】、【しらす丼（淡路島はシラス漁が盛ん）】、沼島と言えばハモが有

沼島ではすべて一本釣り、魚体には絶対触れない。

名なので【鱧フライ定食】などもある。結局、揚げ物が食べたいために「【アジフライ】くださーい！」

アジを調べに来たのだから、アジというのもある。それは待つほどもなくやってきた。フライの良し悪しは、素材を除けば、衣にあると思っている。ダメなのは粗い生パン粉を使い、揚げてふんわりという感じのもの。パン粉は細かく、かりっとしていて種と一体化して揚がっているのが好きなのだ。

「わーお！　まさにそれだよ、そのものズバリ」

目の前に来たものに思わず喝采！　マアジの大きさはフライにして〝最適サイズ内の最大サイズ〟で、これも合格である。鯵フライに限って大き過ぎるのはイケない。

いつもはおもむろにソースジャブジャブって感じなのだけど、立ち上る香りにたまらず、いきなりガブリとやる。途端に、さくっと香ばしく、じわりっと身からうま味ゆたかな汁が出てきて口の中に広がる。

控えめにソースをかけ、ソースをかけしして口に運んでいる内にご飯を「置いてけぼり」にして鯵フライは消え

かりっと揚がった鯵フライが２枚。小鉢のおかずもたっぷりなのが魅力。

去ってしまった。どうすりゃいいのだ、ご飯大盛り。

主菜なしで、ご飯を食べてしまうべきか悩んだ末に、【アオリイカの刺身単品】を追加した。同行の方がイヤそうな顔をするのを気にも留めず、「鰺丼」を分けてもらったが、コイツもイケる。やってきたアオリイカなど都内では絶対食べられないレベルの味だ。

アオリイカはイカのなかでももっとも高価。東京では超高級。

【とん平焼き】は豚肉を焼き、卵を巻き込んだもの。これがご飯に合う。

「沼島はうまい、ウマスギ！」

何回も書いていることだが、うまいものを食べると腹が減る。途端に腹の虫が余計に騒ぎ出す。

店のオネエサンに、

「あと、とん平焼き追加！」

なんてことになった。そして、それが全部正解だった。豚バラ肉と卵を合わせただけなのにヤタラメッタラウマスギ！　である。

おっと、書き忘れるところだったが、料理もうまかったが、店の方々もとても親切であった。

『つるや』の「チキンライス」など（奈良県天理市）

ケースの中のサンプルが汚れていない。この皿に注目して欲しい。

大阪へ向かうついでに奈良県天理市に寄る。奈良県の主要な市を全部歩くことにしたのだ。

さて、一九五四年にいくつかの町や村が合併し市になるときに、天理教の本部など多くの施設があったために天理市になった。一時は五百万人も信者がいた。それが本部の「ごじば（本部のある周辺）」に押し寄せたのだから、その繁栄ぶりは想像以上だろう。駅を下りると天理本通という長い長い商店街が伸びる。本部近くで入り口の左右にサンプルが並んでいる店を発見。撮影していたら最近食べたくてたまらないと思っていたものがあった。【チキンライス】だ。

「ごじば」に近い場所にある典型的な食堂なのだ。

【チキンライス】の皿に注目して欲しい。サンプルのものと同じだ。

店内は広すぎもせず、狭くもなく非常に清潔だ。机は昭和三十年代を思わせるグリーンで脚はパイプだ。

「チキンライスとぜんざい。中華そばもええなー」

「全部でっか？」

「全部は無理や」ということで【チキンライス】と【ぜんざい】で我慢。が待てよ、【かやくごはん】と【素うどん】でもよかったかも知れないし、【木の葉丼】と【ぜんざい】でもよかったかも知れないし、【かやくうどん】に……。

もだえ苦しんでいたら、【チキンライス】が来てしまった。まぶしいほどオレンジジュース色に染まっているのが懐かしい。皿がサンプルと同じと言うことは、サンプルは特注したものに違いない。いたって普通の鶏肉入りのケチャップ味の焼き飯になんとなく感激。

ほどなく【ぜんざい】も来た。あずきのつぶつぶそのままに、餅が入っていて、定番の〝塩昆布さん〟が脇にほよっと置かれている。食堂ならでは、ちょっと甘味強めなのがいい。【中華そば】にたどり着かなかったのが残念だったし、次は【木の葉丼】、【かやくうどん】も食べてみたい。古い食堂はタイムマシーンなのだ。

猫にカツオ節って感じ……

中将餅は「くさ餅」にあんこときな粉の２種、それを入れた「ぜんざい（温かいのと冷たいの）」があるようだ。ボクは断然あんこだが、お昼前でなければ全部イケたかも。

『中将堂本舗』の「中将餅」（奈良県葛城市）

ある日、奈良県にある当麻寺駅（當麻寺なのに駅名は「当麻」なのだ）に降りる。駅を出て数歩というところで、「よもぎもち」と書いた白い暖簾を見つける。これが『中将堂本舗』であった。店の前を通り過ぎようとして、なにげなく品書きを見ると店内で食べられるのだ。

電車旅のときには絶対に駅弁は食べない。希に食べても崎陽軒くらいなので、この日も朝ご飯抜きなのだ。

ついつい店内に誘い込まれて、「中将餅」をお願いする。待つこともなく、それはやって来た。思わず、「こしあーん」と叫ぶ。あんこ族でも「こしあん派」のボクにはその「よもぎ餅」の上にこしあんがのっているのを見ただけで、「早く食べて」という声が聞こえてくる。

このこしあんの肌がなめらかそうで美しいのである。こしあんの味は適度に田舎風で、適度に豆（あずきだと思う）の渋みが残っている。うまい。

餅がニョゴーンと抵抗するのを無理矢理ちぎり口に入れると、ほのかにヨモギの香りがするのもいい。

ついでにお土産をたっぷり買って大阪まで急ぐ。

久しぶりの當麻寺、三重の塔は修理中であった。「中将餅」を食べたので中将姫伝説の當麻曼荼羅も見なかった。

『井出商店』の「中華そば」（和歌山県和歌山市）

この店は「和歌山ラーメン」の店として有名だが、【中華そば】を目的に来たわけではない。店の創業は一九五三年で「もはや戦後ではない」の経済白書の出る三年前だ。「ラーメン」、もしくは「中華そば」が食堂でも専門店でも全国的に当たり前になってくるのが、このあたりだと思っている。

完全にスープが濁りきっているが意外にも味は軽く麺もうまい。

さて、待っている間に、この日主役の【早ずし】をぱくりと食べた。これがこの店に来た理由なのだ。和歌山県ではうどんや中華そばなどの麺類の店には必ず【早ずし】があるという、それを確かめたかったのだ。

種はサバ（マサバかも）だけの単純なものだが、あっさりしてとてもうまいし、麺類に合いそうだ。

和歌山県全域で、今や死語に近い「早ずし」という言葉が残っているのは、現在も盛んにこの地で「なれずし（古代からの発酵ずし）」が作られているためだ。江戸時代後期に生まれた握りずしもあるが、「早ずし」はどちらでも

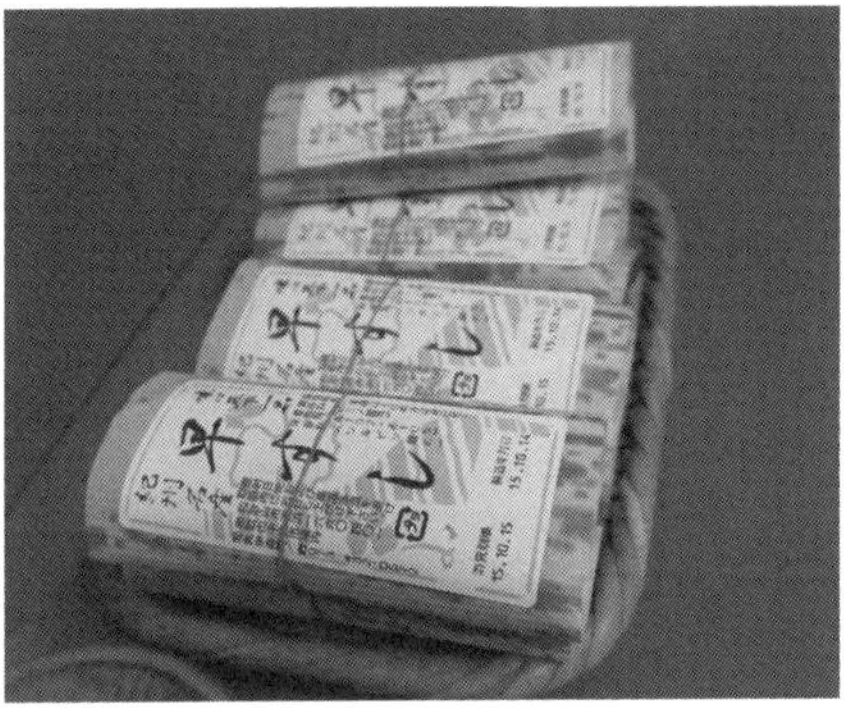

テーブルやカウンターの上に置かれ、勝手に食べて後で申告する。

ない。江戸時代後期、調味料としての酢が大量に作れるようになってから生まれた。笹などの植物の葉に酢飯と酢で締めた魚を巻き込み、数日、もしくは数時間漬け込む。「なれずし」は、食べられるまでに数ヶ月もかかるが、数日で食べられるから「早ずし」なのだ。現在は作ってすぐに食べられるが、漬け込むという手間をかけていた頃の名残が、プラスティックの笹の葉などに残っているのである。

蛇足だが和歌山市周辺ではすしを包むのはササの葉ではなく、「あせ（ダンチク）」だ。紀伊半島から四国、九州の海岸線に生育しているイネ科の植物なのだが、これで食べ物を包むのは和歌山市周辺、屋久島だけなのだ。

さて、【中華そば】の茶色に濁りきったスープを飲む。かなり重いと思い込んでいた味がとても軽い。豚骨系に見え濃厚に思えて、後味がいい。イヤミのない味つけも素晴らしい。麺もボク好みの鹹水添加のしっかりした歯触りのものだ。

つゆも麺もチャーシューもおいしいし、全体のバランスも素晴らしい。明らかにボク好みの味である。通りがかりの風情だけはいい店で一杯目を食べなければ、もう一杯食べられたのに。

そう言えば隣に座っていた方が、普通盛りにしたら、「大盛りがいいですよ」と言ったのだ。

コラム
気になる
関西ならではのうどん……

どっしりと重みのある丼に満たされたあんに昆布とカツオ節のうま味と風味を強く感じる。表面を見ているとあんの上におろししょうがと実に簡素だが底には焼き蒲鉾が隠れている。小粋だ。

『うさみ亭マツバヤ』の「あんかけうどん」（大阪府大阪市）

繊維問屋街、丼池《どぶいけ》に残る古い商店を見ながら南下していた。ここには非常に古い問屋の建物が残っていて楽しいのだ。そこで見つけたのが『うさみ亭マツバヤ』だ。

何度もこの通りを歩いているが、ここが宇佐美辰一、『きつねうどん口伝』の『松葉家本舗』だとは思わなかった。ちなみに『松葉家本舗』は明治期【きつねうどん】を生み出した店だ。

最近気になっている【あんかけうどん】をお願いした。姉妹メニューに【鶏卵うどん（関東ではかき玉）】があるが、こちらは溶き卵を落としている。

それはあんの上におろししょうがで、シンプル極まりないものだった。だしの味わいに昆布が強く出ていて独特だ。カツオ節の風味がほどよい。なんと完成度の高いつゆだろう。あんにすることでだしのうま味が長々と楽しめる。どろりとした汁が腹減りのボクの胃袋を直撃し、胃袋が温かく膨らんでくるようである。京の『権八』で「腹持ち」がいいと言われたがその通りだ。

さて『うさみ亭マツバヤ』の【あんかけうどん】は想像以上にウマスギであった。またこの界隈を歩くことがあるはず。次々と種ものを全制覇してみたいものだ。

『かいがん』の「かつどん」（鳥取県境港市）

我ながら、おかずを好きに選ぶ形式に弱い。いつも乗せスギになる。

境港にある水産物市場は巨大だ。産地市場と言えば素朴かつこぢんまりした場所と思われがちだが、国内でも屈指の水揚げを誇っている境港は別格、市場のいちばん端に立っていると、反対側が遠すぎて霞んで見えるほどだ。その上、埠頭にはベニズワイガニや巻き網などの大量漁獲物をさばく機械が並ぶ。ここで島根、鳥取の水産物を見るのは非常に楽しい。ほとんど深夜から市場を歩き、競りが終わると空腹感は頂点に達している。

向かうのは近場の『かいがん』か『ピアス食堂』であった。残念ながら『ピアス食堂』は閉店してしまった

松葉ガニ（ズワイガニ）にベニズワイガニも揚がる。

とろりと半熟に煮た卵がかかって下にはサクッと揚がったカツが。

が、『かいがん』の方はパワーアップして頑張っている。

さて、久しぶりに店に入ったら、昔と同じオバチャンがいて、おかずのケースを見ようとしたら、

「まだ早いんや。おかずは少ししかない」

仕方なく、コロッケとカレイの煮つけ、みそ汁にご飯にして席に着いたとき、なんとなくもやもやしていた頭に晴れ間がさしたように、浮き上がって来たのが【かつどん】である。手を上げて、「ご飯やめてかつどん!」。

そう、この店の【かつどん】はとてもユニークなのだ。この店だけのオリジナルなのか、境港全域、もしくは鳥取県西部全域で食べられているものなのか?

やって来たのを見て驚いた、「こーんなに(かつどん)大きかったっけ?」しかも「かつどんのカツ」にコロッケだと、

「揚げ揚げじゃないか。バッカヤロウ……、オレ」。

この店の【かつどん】は、東京のようにかつを煮込み卵でとじるのでも、岡山のようにデミグラスソースがかかっているわけでもない。ご飯の上に食べやすい大きさに切ったカツを乗せてとろっと半熟に煮た卵がかけてあるのだ。これは徳島県のカツ丼に似ている。煮ていないカ

ツはサクッとしていて香ばしく、やや甘めの卵もおいしいし、ご飯もおいしい。全体的に少しソフトすぎる味で物足りなさを感じるが、一つの丼としての完成度は高いと思う。

「おばちゃんウマスギや！」

とは言うものの、これしきの量で腹一杯になっている自分がなさけない。六年前にはオバチャンに「お盆一つでは足りんわな」と呆れ返られるほどの揚げ物、ポテサラもトリカラもお刺身ものっけて、ナポリタンももらって一気に食い切っていたのになー。

食後のコーヒーを飲みながら、島根県の水産アドバイザー時代の頃のことに想いを馳せて、少しだけ悲哀のなかにヒタヒタっと首まで浸かってしまったのだ。オバチャンに、

「昔、赤い貝食べましたよね。確か『あかべい』ってやつ」

「ああ、今日はない」

「昔、【かつどん】ってこんなにたっぷりでしたっけね。もっと小さかった」

「それって特別に作ってあげたんと違う」

時間帯も違うし、あのときは地元の方と大勢で行ったことを思い出した。地物の刺身が食べられなかったのは残念であるが、一回りふくらんだ腹を抱えて帰途についたのであった。

「あかべい」はコナガニシという巻き貝。味は天下一品。

『まつや食堂』の「焼きめし」（島根県邑南町）

島根山間部の食材・食品は、「わに（サメ類）」、そば、マメ科植物の茶、一塩さば、焼きさばに、超塩辛いサバの干ものなど、挙げていくときりがない。特に邑南《おおなん》町瑞穂には多彩なすしがあり、道の駅で手に入る。その「すし」を買うために邑南町へ向かう。

いろいろ買い物をした道の駅で町内の食堂のことなどを聞き、店名が素朴な『まつや食堂』に向かったら、外観は喫茶店のようだった。メニューで気になったのが「焼きそば定食」と「焼きうどん定食」だ。関東では珍しいが愛知県以西では普通。面白いのは「お子様ランチ」がある。店の奥の方からカレーの匂いがしてくるがこれもアリかも。

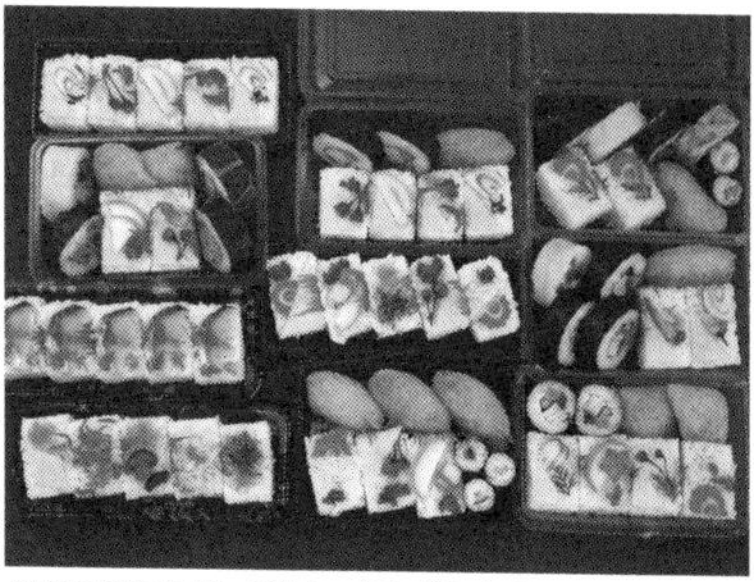
邑南町名物のすしの数々。押しずしあり、巻きずしあり。

本日は朝っぱらから天ぷらに唐揚げまで食べているので、揚げ物だけは避けたい。でもどうしてもトンカツとか唐揚げという文字に目が吸い付けられる。ふと頭に前回の徳島の旅で注文したかったのに、注文しなかった【焼きめし】が浮かび上がってきた。

さて、たぶん愛知県、岐阜県、富山県以西では「焼きめし」、東では「チャーハン」という呼び名・表記だと思うが、調べるともっと複雑であるようだ。京都の馴染みの「うどん屋」のオヤジサンに、「なぜ関西ではチャーハンを焼きめしって言うんだろう」と聞いたら、「料理法が違うんやな。関西にもチャーハンはある。中華料理店ではチャーハンや、わかるかな。チャーハンいうんはな、油をご飯粒にコーティングする。関西の焼き飯は焼くんや」

西日本の「焼きめし」は生の肉を使って香ばしくご飯を焼いているもの。

結局、【焼きめし】にしたら、すぐにやってきた。

焼きめしの端っこの真っ赤な福神漬けが印象的、緑のグリーンピースが懐かしい。一口放り込んだら、実に香ばしくてほどほどにウマスギだ。ふとスプーンの上を見ると豚肉があった。原則的に生の肉は使わない中華のチャーハンとはこんなところが違うのかも知れない。

軽い味なのでスプーンすいすいって感じである。油をコーティングしてパラパラっとしたチャーハンもいいが、「香ばしく焼いたご飯」もうまい。

ふと店内を見ると、どのテーブルにも同じものがのっている。しかも今まさに、そいつが二つほど運ばれていく。

「あれは?」

「唐揚げ。ウチの名物、さっき教えよかと思ったんやけど」

「は、は、早く言ってよ!」

中国地方

『あさひ亭』の「割子そば」（島根県奥出雲町）

「割子」はそばが入った三段重ねの器のことだ。これに薬味とつゆを入れて食べる。

島根県山間部で食べられている「わに（サメ）」、「焼さば」、そして山間部で作られている「焼さばずし」を探して広島県から、木次線にそって北上した。松江自動車道を降りて阿井というところで「焼きさば」と「わに（アオザメ、ネズミザメなど）」を発見。奥出雲町の中心である横田（旧横田町）に向かう。ぱらりぱらりと降り始めた雨は横田駅前についたときには滝の如くになっていた。イヤな雨だが、奥出雲には雨が似合うと思った。

駅前の駐車場に車をとめ大通りに出たら、そこにそば屋があった。これが『あさひ亭』だった。雨宿りするつもりで早めの昼ご飯を食べる。ちなみにこれが今旅の第一食。昼三食のつもりなのでそばなどは持って来いだ。

店はこぢんまりとして清潔で落ち着きがある。店のオカアサンたちもとても親切である。

なにも考えないで出雲名物【割子そば】をお願いした。三段の割子と呼ばれる漆塗りの器にそばが入っている。これに海苔、カツオ節、ねぎ、南蛮おろし（紅葉下ろし）をのせて、つゆをかけてかき込む。島根県の仕事をしていたので、松江をはじめ県内各地で【割子そば】をたぐっている。意外にどこで食べてもハズレがない。

この店の【割子そば】も出雲地方の典型的なもの。そばは、やや太めの硬めで風味が強い。決してのどごしがいいとは言えないが、噛むほどに、そばのうまさが楽しめると思う。問題は三段ではあまりにもあっけなさ過ぎることくらい。久しぶりにたぐる【割子そば】はとてもウマスギだった。お代わりをして、満腹に。

ボクは薬味を入れてあまり混ぜないで食べるのが好きだ。

さて、ついてきた「おこし」を食べながら考える。中国地方の広島県山間部から出雲地方にかけてはそばの栽培が盛ん、うどんよりもそばという地域だ。山陰の漁港で水揚げされたサバや「わに」が山にもたらされて、その帰りに山間部のそばが松江や出雲市に運ばれたのだろう。それが島根県をそば食文化圏にした理由だと思っている。

さて、雨脚が弱くなってきた。いざ、松江まで下らんか。

たまには本業を見せよう……

「焼きさば」は古くはハレの日の贅沢な食べ物だったようだ。お祭りやお祝い時にそれをほぐしてすしの具にする。

『石田魚店』の「焼さばずし」（島根県雲南市）

島根県奥出雲から木次線をたどるように北上した。その目的が「焼さば」、「焼さばずし」、「わに（アオザメ、シュモクザメ、ネズミザメ）」などだ。

雲南市の中心が木次の町である。ここは山間部と松江や出雲など平野部を結ぶ中継地点だ。道路の拡張などで商店街はかなり縮小されているとはいえ、うまい酒を醸す酒蔵も残っているし、きれいな街並みも健在だ。

ここでおいしい「焼さば」、「焼さばずし」を発見した。ボクの旅はいつも行き当たりばったりの当てのないもの。それでも目的達成率は高めなのだ。

商店街にある『石田魚店』では店内でサバを焼いている。これは本来浜で行われるもので、焼くことで保存性を上げて山間部に運ぶ。この浜で魚を焼いて山間部に運ぶというのは全国的に行われていたものだと思うが、今や京都府から新潟県にかけて見られるだけとなっている。

島根では「焼さば」は現在、むしろ山間部で焼かれ、消費されている。そのまま食べてもいいし、煮てもいい。ほぐしてすしに混ぜ込んだのが「焼さばずし」で、もともとは家庭でお祭りのときなどに作られていた。それが時代の流れとともにスーパーや魚屋で作られるようになったのだ。

『まあちゃん食堂』の「おでんなどなど」（岡山県岡山市）

中国地方

岡山県には昔、国内でも屈指の広さを誇った児島湾があって、今や九州の有明海にしかいないアゲマキ（国内では絶滅したとの説もある）、ムツゴロウ、シオマネキなどがたくさんとれていた。沖に出れば春には魚島の鯛（マダイ）、サワラなどがとれ実に豊かだったのだ。また「ままかり（サッパ）」。ヒラのようにここだけでしか食べられていない魚も多い。

それだけに岡山市にある中央卸売市場に来ると見る物が多すぎて困る。まだ深夜という時間から朝にかけて、場内を駆け巡っても疲れも空腹感も感じないほどに興奮する。

古い写真だけど「まあちゃん」ではないようだ。

さて、競り場を見た後は、関連棟（市場で魚以外の必要なものを売っている）を歩くのがこれまた楽しいのだ。地元の練り製品の店や豆腐店、総菜店などを見る。その後に食事ができる店を目指す。カレーの店や喫茶店もあるが、なんと言っても食堂がいちばん楽しい。

初めてここに来たときに入ったのが『まあちゃん食堂』だ。「中華そばがおいしい」と聞いたのもあってのれんをくぐったら、おでんの鍋が真っ先に目に飛び込んできた。岡山の市場食

今や高級品であるアゲマキがたっぷりの煮つけ。おでんの味つけも完璧である。

堂には季節を問わずおでんがある。その匂いが腹減りの身には堪える。飢餓感を鎮めるために、おでんをいくつか選ぶ。それからその日の朝ご飯を決めることとなる。

おでんの種は思ったよりも大振りだ。豆腐、天ぷら（関東では薩摩揚げ）の長天が丸々一つ、大好きなゆで卵で三つ。これで皿が重く感じるほどだ。酢のもの、トンカツなどもあるが【アゲマキの煮つけ】があるのがうれしい。「これは？」。「ここらでは『ちんたいかい』っていうわな」

瀬戸内海周辺ではアゲマキを「ちんだいがい」とか「へいたいがい」などとも呼ぶ。「鎮台貝」、「兵隊貝」のことで、この貝の形が明治期、兵隊さん（鎮台兵《ちんだいへい》）が銃剣を抱えて行進するときの姿に似ているためだ。これに中華そばをつけても平らげられたのは、もう遥か昔のことだ。揚げ物がないのはとても寂しいが、泣く泣く我慢する。

市場の朝ご飯はみそ汁のひとすすりから始める。不思議なことにこのみそ汁の塩気が溜まった疲れや、緊張感をほぐしてくれるのだ。

ここでおでんの豆腐を半分ほど食べる。甘めのしょうゆ味のだしがよく染みてうまい。これまた味の染みた長天とともに、ご飯一膳があっけなく消えてなくなる。どこに消えたんだ、ご飯よ。卵以外のおでんだけで消えてしまうなんてあまりにもあっけなさすぎないか？

ご飯をお代わりして「ちんだいがい」を食べる。今や有明海でもほとんど揚がらないので、輸入物かも知れないが、食文化のある地域と地域が流通し合う産地間流通や、食文化のある地域の業者が輸入したりする。これも我がデータベースでは重要な課題のひとつなのだ。

岡山らしい、まったりとした優しい味つけで、アゲマキ特有の強い甘味が感じられてとても味わい深い。ご飯に合う。

さて、ご飯もなくなり、すこし冷めた番茶をぐいと飲む。ここで仕上げのデザート、おでんの卵にかぶりつくのである。

「幸せだなー、ボクって」

次回は必ず、中華そばとご飯とコロッケにするのだ。

瀬戸内海地方では「ちんだいがい（アゲマキ）」がとれなくなったとの声が。

カツ丼の方が小さいのに上にのっているカツが大きいので存在感がある。デミグラスソースもたっぷりだ。

『中華そば専門店 広松』の「セット」（岡山県岡山市）

岡山にたどり着いたのが午前十時過だった。さて、岡山旅の初っぱな飯は市人に聞いていた「デミカツ丼」の店に向かう。「混んでると思いますよ」というので早めに行った。

教えてもらった通りに【セット】をお願いする。カツ丼と中華そばなのだけど、半ちゃんラーメンのようにカツ丼はミニだと思っていた。目の前に丼がふたつ並ぶ。カツ丼の方が小さいが思った以上にカツが大きい。

デミグラスソースがかかった岡山名物のカツ丼は、たれにラーメンスープの風味がする。濃厚そうだがまったりと優しい味。どろっとした不思議なソースをまとったカツの味もそこそこいい。ただ中華そばも同じような味がする。濃厚ではないがまったりとした味。

まったりとした味同士なのでボリュームも二倍に感じるが、これも年のせいかも。若いときはこれがよかったのだ。ということでカツ丼と中華そばを交互にではなくカツ丼から片づける。酸味のないデミグラスソースが新鮮である。一気食いして中華そばにしたらやはり味に共通点がある。

さてうまいかどうかは店を出て数時間後に判明した。また食べたくなったのだ。まったりしてトゲトゲしくない、それが岡山の味なのかも知れない。

『餃子センター』の「焼きめし」（広島県広島市）

小振りでかりっと焼き上がっている【餃子】は青ねぎいっぱいのたれで食べる。

七月、暑い最中に広島へと旅に出た。「小いわし（カタクチイワシ）」を調べるためだ。この魚、主に加工原料として流通するため非常に安い。ところが広島県だけは六月解禁の初物などには、超がつくほど高額で取引される。これを見に来たのだ。

　さて、広島泊の夜、オススメの料理店に入ったらこれが大はずれだった。まだ腹の虫が騒ぐ。そんなとき遠くに赤いのれんが見えた。中をのぞくと店内は満席に近い。

　手前に座ろうとしたら、「奥へ」と若いオネエサンから声がかかる。親子三人でやっているようで奥にオカアサン、真ん中に料理するオヤジサン、手前に若いオネエ

200m 先からでも見えた、赤い時代がかったのれん。

座るとまず青ねぎがとんと置かれる。

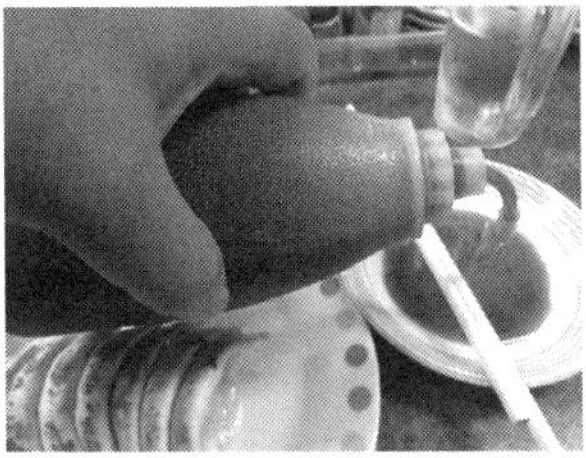
まずは皿にタレを入れてから。

青ねぎを入れる。これだけでもとてもうまい。

青ねぎとタレに【餃子】をまぶすようにする。

サン（娘だろう）というのが定位置のようだ。

席に座るやいなや刻みねぎがさっと置かれて、生ビールを頼むとあっと言う間に来た。【餃子】も待つほどもなく来た。これだけでこの店の三人がただ者ではないことはわかる。

生ビールがうまい！　お隣を見ると皿に餃子のタレを入れて、青ねぎをスプーンですくい入れ、餃子にねぎとタレをからめて食べている。まねして食べたら【餃子】がただ単にうまいのか？　タレ、青ねぎ、餃子の合わさったその全体がうまいのかわからないが、この食べ方がハマル！　久しぶりの強烈ウマスギ！　ゴー！　ゴー！　なのだ。

皿の上の【餃子】は入店して数分で胃の腑に消えた。生ビールをやりながら、品書きを見ると【ニラレバいため】があるではないか。

「レバニラ炒めください」

ラードで炒めているせいか【焼きめし】の味が軽い軽い、のでスイスイ飲むように食べられる。

「レバないんじゃ。豚じゃだめかね」

それにする。目の前でオヤジサンが大量のラードを溶かし始める。これでお隣の「八宝菜」の豚肉を揚げ、野菜を油通しする。出来上がりを見て「八宝菜」にすべきだったかもと後悔する。左隣の「豚みそ炒め」もうまそうだ

「オネエサン、生ビールもう一丁」

生が来た。と、同時に【豚ニラ炒め】も来た。「来た！ 来た！ 来た！」だ。これが実に不思議なものだった。豚とニラの他に卵も玉ねぎも入って表面が油でてらてらしているのに、あっさりした塩味ですいすい喉を通り過ぎていく。

お隣のマネをして合間合間にタレとねぎを食う。これだけでも十分うまい。そしてまた「豚ニラ」を食らう。さっきからひっきりなしに作っている【焼きめし】が気になり始めた。

「焼きめしも食べられるかな？」とつぶやくと、

「この店に来てこれ食べなきゃいけんです」

自問したつもりがお隣に声が漏れていたようだ。お隣では大盛り（実はこれが普通盛り）の「チャーハン」ではなくこの店ではあくまで【焼きめし】をわっせわっせとかき込んでいる。

「あのー。ここで焼きめし半分食べて、半分持ち帰りできますか？」

「おおー、出来るよ」

中華鍋に溶かしたラードを入れてから数十秒で目の前に【焼きめし】がやってきた。いい香りが鼻をつく。これをスプーン（レンゲではなく）でかき込んでいく。塩加減がずばり、素晴らしい。肉的な味にラードの香り、焦げたねぎの香りもする。

食べているんじゃなくて、飲んでいるごとくに【焼きめし】が消えてなくなる。ラードを使っているせいか、後味が軽い。スプーンが止まらない。

「あーりゃ、全部食いきったんじゃな」

「ウマスギ～！　です。食っちまいました」

「その一言、ありがたいのー」

宿は広島市草津だったので路面電車に揺られて帰った。腹の底から出るげっぷまでうまいのに驚きおののく。まだ食べてから大してたっていないのにまた食べたくなった。

「また、行きたいのー」

次回は【水餃子】、【豚肉みそいため】、【チャンポン】を食おう、なんて思う。

ケーキでもただのあんドーナッツでもない……

表面はさくっと香ばしく、こしあんは甘み控えめで、ほどよい渋みがある。呉のウマスギ！

『福住』の「フライケーキ」（広島県呉市）

呉の町は三方を山に囲まれ、幹線道路から入ろうとすると長いトンネルを抜けなければならない。田中小実昌が育った地でもある。どんなところだろう。

歩いてみるとどこにでもある地方都市だがそこかしこに懐かしい香りがする。歩き疲れて街喫茶を探していたら歩道に人が立っていた。店に吸い込まれてすぐに出てくる。

街喫茶を出たら今度は三人並んでいる。看板に【フライケーキ】とある。「フライ」＋「ケーキ」なら揚げたカステラのようなものか？

強すぎる磁力に引き寄せられて目の前にあったのは、「あんドーナッツ」のようなものだった。

五個だけ買って、そのままホテルに向かった。仮眠する前に食べてみて強い後悔の念に駆られた。うますぎるのだ。

おいしいあんが詰まったあんドーナッツのようではあるが、まったく次元の違うなにかがこの可愛らしい物体の中にある。外はやや硬めで、香ばしい中に隠されたおいしいケーキ？　のようでもあるし、あんこがまた実にウマスギ。

たぶん、ボクがここで育っていたとして、東京に出て来たとする。その都会暮らしでどうしてもあがなえない何か。それが【フライケーキ】の味だろう。

『御幸』の「肉玉」（広島県竹原市）

竹原市の魚屋さん、スーパーを回り広島夏の風物詩「小いわし」のことを見て回っていたとき、住宅地に迷い込んで見つけたのが『御幸』だった。広島のお好み焼きはうまいはず、思わず入ったら奥の大きな鉄板が目に飛び込んできた。

その上にはいくつものお好み焼きが焼き上がろうとしている。店内には一組のお客がいるだけだが、明らかに地元民らしきオヤジサンがやって来て、お持ち帰り用のパックを抱えてすぐに店を出て行く。席に座ると目の前におでんの鍋がある。そうだ岡山県、広島県では夏でもおでんを食べるのだ。これを食べなきゃ岡山に来たかいがない。

「おでんとノンアルコールビールください」

「あれ、ここの人やないね」

広島県竹原市「竹原焼き」は上下にある薄い生地が挟み込まれた具がしっとりジューシーだ。

「東京です。広島風のお好み焼きが食べたくて」

「（沈黙……。）ここのは広島焼きやなくて竹原焼きです」

名物だという「竹原焼き」には酒粕が入っているという。考えた末に、いちばん普通の【肉玉に焼きそば】をお願いした。

おでんでノンアルコールビールがうまい。比較的優しいしょうゆ味で、福山市や広島市で食べたのと同じ味だ。

鉄板の方を見ると、焼き手の手前にまたたくさんのお好み焼きが並んでいて、また焼きそば、ゆでうどんが並べられている。これが焼きにかかる前の順番待ちのようなものらしい。そば（ゆで中華そば）をお願いしたので、いちばん手前のがボクのだろう。

お好み焼き作りのメインステージは鉄板の手前らしい。焼き上がったばかりをパック詰めして隙間ができたら、手前に薄い生地を作りカツオ節の粉を振る、あらかじめ焼いていた麺の上に大量のキャベツ、紅しょうが、豚の三枚肉を乗せていく。ここまでは手順を追っていけたが、卵を割り入れて伸ばすのを見ている内に、なにがなんだかわからなくなった。

「広島焼きとの大きな違いはもやしを入れないことやね」

ということだが、昔、お好み村で見た作り方との違いは、麺を炒める順番ではないか。ときどき液体をかけているが、これは秘伝のだしだという。

西日本に来たら牛すじは必ず食べる。

5つも6つも同時に焼く、まさに職人技だ。

鉄板の位置によって焼き上がり状態が違う。

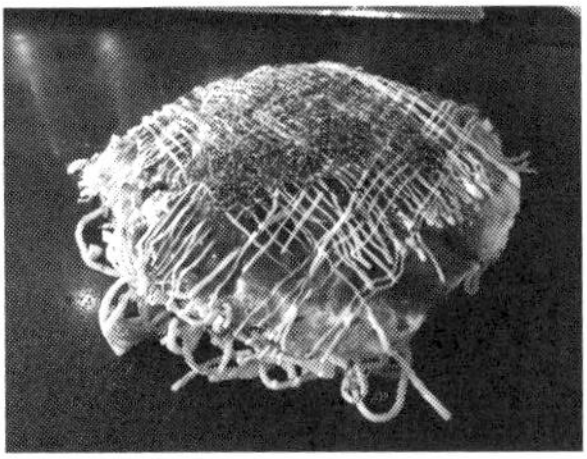

意外にもそれほど待つこともなくやってきた。

焼き上がったら、すぐに次のものの番になる。

強烈ハラヘリだったので、焼けたソースの香りに一瞬意識が遠のいて「もう待てない」と思ったときにやってきた。いきなりヘラですくって口に放り込む。ソースがそんなに甘くないのがいい。こげた卵の香り、ぱりっとした焼きそばも、ウマスギだ！　思わず立ち上がってゴー、ゴーと踊り出したくなる。

本当のことを言うと、しっとりとしたせん切りキャベツの味は好きではない。むしろ大阪焼きのように細かく切って混ぜてから焼くのが好きなのだけど、時間がたって鉄板の上の生地がまく感じる。時間がたって鉄板の上の生地が焦げて香ばしくなってきた。食べるとぱりっとして、焼きたてとは違う味になった。あら、驚いたことに最後までウマスギだ。

確実にもう一枚はイケる気になってきた。ウマスギてヘラを置く気になれない。

『元祖瓦そば たかせ』の「瓦そば」（山口県下関市）

山口県瀬戸内海側の市場で使われている「北浦もの」という言葉は日本海側の萩や長門市などでとれる水産物のことだ。深夜にその北浦は長門市仙崎市場で魚の水揚げを見て、車を西に走らせる。右手に角島《つのしま》が見えてきた。腹が減ってきたので仙崎で買った「いなりずし」をつまみ、直売所で買ったイチゴを食べた。余計に腹が減った。

この間にも名物の「剣先するめ（ケンサキイカ）」、「かじめ（クロメを干したもの）」を買い、「ふかの湯引き（ホシザメなどをゆでたもの）」を買った。直売所の駐車場であったオバチャンに「このへんに食堂とかありませんか？」と聞いたらいきなりイチゴをくれた。ありがたくいただきこの日、二パック目のイチゴを食べた。もっともっと腹が減った。

海岸線を南下する。川棚温泉駅の表示が見えた。考えてみると一昨日、生粋の山口っ子で萩に単身赴任しているセトボンに、「瓦そばは有名すぎますけんど、必ず寄ってみてください」と言われ、「名物なんてキライやー！」と言ったのであった。行列ができる店ということで、もしも並ぶくらいならやめようと、店に行ってみたらすんなり座敷に通された。

それなりに待たされたのは、茶そばを瓦の上で焼いているからだろう。この瓦そばは一九六〇年の誕生だというが、よくもこれほどユニークな提供の仕方を思いついたものだ。

この瓦を焼いて茶そばをのせるということを考えた人は天才かも。香りまでうまい。

まわりはきゃぴきゃぴの女子大生らしき可愛らしい娘ばかりだ。そのど真ん中にいるのは孤立無援てな感じだ。やってきた「瓦そば」を紅葉下ろしを入れたつけ汁に浸しながらスイスイ食べる。茶そばというものはそばもお茶の香りもしないことが多いのに、お茶の香りもそばの香りも強く感じる。

そばに錦糸卵と牛肉をからめながら食べるつけ汁もなかなかのもの、実にウマスギではないか。箸が止まらず、あっけなく瓦の上からそばが消えた。真横にいた女子大生らしき群れから、「早ーい」というつぶやきが聞こえてきた。「オジサン、恥ずかしい」。

彼女たちは桶に入ったなにかと、瓦そばの両方を食べている。「それはなんだ?」。ウナギの蒲焼きがのったご飯で「うなぎめし」だった。国内でもっともウナギ屋（専門店という意味）の少ない山口県では、「ウナギを食べよう」というと、「たかせに行こう」となることが多いらしい。また来ようかな。

山口県の子供達の朝食にはこいつがないと……

『日本果実工業』の「夏みかんマーマレード」（山口県山口市）

金色に縁取られた「マーマレード」の文字がいい。柑橘類のジャムのことだが、とても素朴なミカンの酸味が感じられて超山盛りに塗ってもくどく感じない。

生粋の山口っ子であるSさんには様々なご当地フードを教わった。そのなかでいちばん変なものがこれだった。

山口県は夏みかんを初めて栽培した場所というか、この夏みかんという文旦系の柑橘類を発見した地でもある。国内にはミカン科ミカン属の品種が膨大にある。夏みかんの種名はザボン。ザボンから生まれた品種ということだ。

1949年から作り続けられている山口県の定番缶詰である。マーマレードが缶詰になっているというのも珍しいと思う。最初は、ただの夏みかんの缶詰だろうと思って、そのまま通り過ぎてしまった。セトボンに言われて、手に取るとラベルのデザインからしていいのだ。

味見のために匙《さじ》ですくって口に入れると、昔ながらのマーマレードのような懐かしい甘さに、夏みかんの酸味と苦みがあって、これを食べると子供たちは微かな苦みのなかに大人の世界を垣間見たに違いない。

すでにボロボロになってしまったオヤジですら軽くトーストした食パンに、めちゃくちゃたっぷり山盛りに塗って食べると、優しい甘さにロマンチックな夢を見た後のように、陶然とした気分になる。過ぎた日は甘酸っぱい。遠く懐かしい味に涙、ポロポロなのだ。

『そばごや』の「そば」（徳島県つるぎ町）

徳島のそばは見た目地味だが、香りが高く、味が濃い。そば食い好きのそば。

意外に知られていないが徳島県西部剣山《つるぎさん》周辺は、日本屈指の「そばどころ」なのである。これは標高が高いため米がとれず、そばやひえなど雑穀類が盛んに作られていたためである。剣山登山の入り口、貞光町（現美馬郡つるぎ町貞光）に生まれたために子供の頃から盛んに、「そば米（またの機会に書く）」、「そばがき」などをよく食べさせられた。「かけそば」、ようするに麺にしたものは古くは家庭でも作られていたらしいが一九六〇年代には食堂で食べるものになっていた。剣山周辺の「かけそば」はそば粉十割のそば切りにいりこ（煮干し）だしのあっさりしたつゆ。具はねぎと油揚げと、ときに「板つけ（赤い蒲鉾）」だ。

見た目はいかついが優しいオヤジサンなのだ。

今どきのそばのような喉ごしのよさはないが、そばの濃厚なうまさが楽しめる。

今回の旅は東祖谷山村という山奥の、そのまた奥に「あめご(アマゴ)」を取材に行ったのであるが、まさかこの懐かしい「かけそば」に出合えるとは思ってもいなかった。徳島本線貞光駅のある貞光から剣山に向かうと端山《はばやま》、一宇《いっちゅう》と過ぎて剣山に至る。この懐かしいそばに出合える店、『そばごや』は旧一宇村の国道沿いにあり、店は下を流れる貞光川にはみ出すように立っている。

のれんをくぐるや、ぷーんとだし（つゆ）の香りがする。昔、故郷の食堂で何度もかいだ懐かしい香りだ。店の入り口付近に大きな薪ストーブがあり、壁いっぱいに古い掛け時計が並んでいる。品書きは「ざるそば」と「かけそば」の二種のみで、それぞれに「小」と「大」がある。空腹なので両方お願いする。当然「小」である。ちなみに「大」は超大盛りで、後ろに座ったお客が目の前にくるや「わっ」と声を上げたほどだ。

四国地方

やってきた「ざるそば」のうまさに驚く。なによりも少々太めのそば自体がうまい！「ざるそば」はこの辺りでは新しいメニューなのだろうけど、つけ汁にはカツオ節が利いている。「あははは、ウマスギー、ゴーゴーだ！」かけつゆは薄味ながらだしがきいて実にうまいし、後味が軽い。思わず顔がにやけてくる。そば粉一〇〇％なので少々脆弱だが舌の上でつぶすと、そばの甘みと、風味が口中に広がってくる。そば湯をもらってつゆ一滴すらも残さないでいただく。「ざるそば」を完食して余計に腹が空いてきたのはウマスギ最大の特徴だ。

そして、真打ち「かけそば」の登場である。太めのそばがつゆのなかで少しふくらんで軟らかい。これをすすると冷たい「ざるそば」以上にそばの香りが立つ。舌の上でつぶすとそばの甘味が強く感じられる。口の中にそばの味が充満して爆発してしまいそうになる。

「懐かしいなー。涙がこぼれそうになる」

蛇足だが、テーブル上に置かれているキャンディはチャイナマーブルという。ボクの幼い頃、一九五〇年代からあったもので、硬くて上品な甘さである。思わず、一つ口に放り込んだら懐かしい味がした。

少々無骨に見える『そばごや』のオヤジサンは地元剣山周辺のそばを使うことにこだわっているらしいが、なかなか店で出す物すべてまかなえないで苦労しているようだ。

頑張れ！　外見は強面だが、心優しきオヤジサンよ。

懐かしすぎるチャイナマーブル。

造る酒のほとんどが純米原酒で数年寝かせてから出荷する。かなり個性的で強い酒なので、そのまま飲んでもいいがロックもうまい。

『那賀酒造』の「純米酒」(徳島県那賀町)

ボクは酒通ではない。むしろ酒はぶっきらぼうに、無造作に飲むたちである。だから純米酒だとか本醸造だとか、無濾過だ、米は八反だ、雄町、山田錦だなんてことはまったくどうでもいい。昔、ある地方都市で燗の温度四十二度とか、冷やして飲むとか、と聞かれたことがあったが、そんな繊細なことは大嫌いである。

要するに自分好みの酒を無頓着に飲み、酔うのを無常の楽しみとしている。

昔飲み屋で、あの酒蔵も杜氏が変わってからどうのこうのと言っているヤカラがいたが虫ずが走るというか、地獄にでも落としてやろうかと思ったくらいだ。

さて「旭若松」だが、地力のある酒である。冷やして飲んでも、常温で飲んでも、ぬる燗にしても、熱燗にしてもいい。例えば猪木のコブラツイストにもギブアップしない味だ。日本全国の日本酒を四十年以上にわたってやたら飲んでいるが、今現在の最高の酒である。アルコール度数は高いが五合、六合とすごしても酔い心地がいいのも素晴らしい。日本酒にはこの懐の広さがいちばん大事だと思う。

蛇足だが、今どきの日本酒の商品名というか、こじつけた名前も、酒には関係ないが大大、大嫌いなーのだ。

『たちばな』の「カツ丼」（徳島県那賀町木頭）

徳島県に剣山《つるぎさん》という四国第二の山がある。ボクが生まれ育った貞光町（現つるぎ町）はこの山の登山口だが、その山頂の真南、山の裏側にある木頭村（現那賀町木頭）にはまだ一度も行っていない。

徳島の食に関する書籍は非常に少ない。木頭村の食文化はぜんぜんわからない。秋も深まりつつある十月、徳島市内から四時間以上かかって木頭の中心地にたどり着く。店らしい店は一軒だけだったが、そこで発見があった。JAのスーパーの前に高知から魚（塩乾もの）を売りに来ていた人がいたのだ。塩まみれの昔ながらの「カツオのはらんぼ」は、昔は単に焼いて食べるというだけではなく、塩自体の輸送手段でもあった。カマス（アカカマス）の開きや、タイセイヨウサバの一塩ものなどの定番的なもののなかに、大手繰り（底曳き網）で揚がった深海魚、「目光（アオメエソ）」や「青目（ツマグロアオメ？）」などまである。考えてみると徳島市内に出るよりも高知市の方が近い。しかもこの道は土佐街道ではないか。

どこまで山に分け入ると、たどり着けるのか不安。

時刻は一時半近い。この深山に食事できるところはあるのか？　地元の方に教えてもらったのが『たちばな』だった。明らかに普通の食堂で、木頭らしい食べ物はあるはずもない。

やってきた途端、島根県境港で食べたカツ丼が浮かんだが、実はまったく別物なのだ。

品書きを見て【焼めし】と【ラーメン】もしくは【うどん】にするか、【カツ丼】だけにすべきか迷った末、後者にした。そろそろ徳島の旅も終わりだ。旅は【カツ丼】で〆るのがボクの流儀なのだ。

ただし、やってきたものを見て驚いた。これは鳥取県境港でみたトンカツの上にとろとろ卵と同じだ。丼にもたれかかったトンカツはこのまま食べてもいけそうだ。単独で食べたらさくっと揚がっていてとてもうまい。玉ねぎにわけぎ（青ねぎ）のねぎねぎコンビを一緒に煮込んだしょうゆ味の卵をからめて食べると、これも完成度が高い。

福島県会津、長野県伊那や群馬県、福井県などで作られる【ソースかつ丼】、岡山の【デミカツ丼】は有名だが、徳島県の「トンカツ」に「とろっと煮たしょうゆ味の卵がけ」というのも二次的利用法としては重要なのかも知れない。「カツ丼界」の系統分類もだれかがやらねばならぬ。

四国地方

コラム
気になる

カツ丼にも地域性がある。

上は青森県下北半島の東京風のカツ丼でカツを煮て卵でとじている。右は岐阜県のカツ丼でカツをソースに浸しているようなのだけど、ソース味の玉ねぎが乗っている。

いろんなカツ丼を探す

魚介類を探す旅の〆はいつもトンカツかカツ丼なのだ。これがカツ丼だけになってきている。

カツ丼の元祖は東京都早稲田にあった『三朝庵』だという説がある。大正時代に余ったトンカツを利用するために煮て、卵でとじたのが最初であるとされている。

これが正しいのかはともかく、都内などではこの煮て卵でとじるものが主流である。

もうひとつの形が群馬県、長野県、福井県などで食べられているソースをかける、浸すタイプのものだ。

あえて考えれば、トンカツをトンカツとしてご飯に乗せるだけなので、ソースかつ丼の方が古そうである。

この二大カツ丼に気を奪われていたら、我が故郷、徳島のカツ丼がとてもユニークなのだ。ご飯に切ったカツをのせて煮た卵をのせる。このタイプは鳥取県境港にもある。

愛媛県にはカツをしょうゆ味の汁で煮てのせるというのもあるのだが、これもユニークではないか。岐阜県ではカツをソースに浸すようなのだけど、柔らかいソース味の玉ねぎがのる。青森県のカツ丼は東京風だが、下北ではあっさり味、津軽では非常に甘く重い。

こうなりゃー、日本全国でカツ丼を食うしかない。

『構内食堂』の「朝定食」（香川県多度津町）

　徳島の山間部の小さな町から上京するには、徳島本線貞光駅→徳島本線阿波池田駅で土讃線に乗り換え→高松駅から宇高連絡線で本州（岡山県）に出ていた。その頃、特急が停まり、大きな駅であることから、多度津は都会に違いないと思っていたのだ。それが行ってみると、あまりにも小さな町なのでビックリした。四国唯一の鉄道関連の工場があり、土讃線と予讃線の交わるところでもある。その昔、多度津駅は西日本でももっとも重要な駅であったらしい。

　海が荒れて瀬戸内海での底曳き網の漁水揚げのない日に、仕方がないので周辺を無闇に車で走っていた。いつの間にか午前八時前に多度津駅にたどり着いた。周辺に大きな建物のない場所に建つ、寄せ棟造りの駅舎は実に風情があった。

煉瓦造りの古めかしい建物。なんのためのものだろう？

　駅舎の西方向に不思議な建物があるな、と思って向かうとその手前に「食堂」の文字があり「定食¥380　午前七時から十時」の紙があった。ホテル飯は食わないが仕儀なので、空きっ腹を抱えて、白地の布っ切れで出来たのれんをくぐった。引き戸を開けると机が並び、「焼いたサバ、豆腐、きんぴら」と「マカロニサラダ、目玉焼き、スパゲッティ、鶏唐揚げ、みかん一個、

一皿に五品目はありがたい。どことなく健全な朝ご飯といった感じがする。

トマト、竹輪（中にきゅうり）、サラダ（レタス、キャベツ、ピーマン）」の皿が並んでいる。後者の皿が少ないのは人気があるのだろう。

盛りだくさんの皿を選んで、厨房の坂口安吾に似たオッチャンに渡すとみそ汁とご飯を並べて、「はい、三百八十円ね」と言った。一見無愛想に見えながら、どことなく優しげでもあるオッチャンは、「どこから来たん」などと聞いてくれ、多度津のことなどもいろいろ話してくれる。

多度津周辺の訛りが、徳島県北西部とそっくりなのもあって、くつろいだ気分になれた。横道に逸れるが、ボクの故郷（徳島県北西部）では、おんぶのことを「おっぱ」、すねることを「どくれる」、イタチのことを「とまこ」というが、これはこの辺りの方言と同じである。

さて、このあまりにも一般家庭風な朝ご飯のおかずは一つ一つはウマスギだとは思えないが、どことなく子供の頃の幸福なときを思い出す、そんな味だった。

何よりも目玉焼きが半熟でないところがいい。半熟の目玉焼きは大嫌いなのだ。冷めた細めのスパゲッティは炒めてケチャップをからめただけというのも、あまり人には話したことがないが大好物だ。考えてみると皿の中は野菜とみかん以外は好きなものだらけだ。超くだらない話をすると甘いたくわんは、甘くない本格的なたくわんよりも、この際だから告白すると温かいご飯には合うと思う。

考えてみたらみかんと野菜がついて健康的メニューなのは社員食堂（本来は鉄道会社の食堂）ならでは、かも知れない。いつもはポケットに入れて持って帰って、結局食べないで終わるみかんまで食べてしまった。お茶とみかんがこんなに相性がいい、なんてことも大発見だった。

店を出たら午前九時をまわったところだった。多度津から故郷徳島県美馬郡つるぎ町までは一般道を行っても一時間前後しかかからない。故郷で幼なじみに話すと、

「あれはな、道場に行くときに寄る店じゃ」

そうか、多度津は少林寺拳法の町でもあった。

四国の鉄道網は×印に走っていて、ほとんど電化されていない。

『谷川米穀店』の「うどん」（香川県まんのう町）

駐車場には県外ナンバーが並んでいた。実際に食べてみるとその価値はある。

子供の頃、父親のオートバイで山の中のうどん屋に行ったことがある。覚えているのは、薪でうどんをゆでていたことだけ。テレビに今では有名すぎる『谷川米穀店』がよく登場するようになり、薪で湯を沸かしている情景がその山中のうどん屋に似ている気がしていた。

ただ今、徳島県のボクの家から香川県の『谷川米穀店』までは讃岐山脈のトンネルを抜けると三十分程度で行ける。でもトンネルのなかった一九六〇年代にここまでオートバイで来れたのだろうか？　それにその年代この店は開業していたのか？　ミゼットというバイクのようなハンドルがついた車を買う以前、車の運転免許を正

香川県の南端のこの辺りは完全無欠の僻地だ。

規に取得していなかった父は香川にオートバイでメガネの行商に行っていたようなのだ。気になっていたので、我が町から『谷川米穀店』に行ってみた。平日なのに行列ができていた。駐車場で待ち、店の前で待った。周りを見渡すと記憶と一致するところは見当たらない。

そばもゆでたものを丼に入れただけで、しょうゆをかけて食べる。

まずは丼にうどん玉を受け取る。席についてねぎをかけて、少し甘めのしょうゆを回しかけ、食べる。我が家でもこんな風に食べていたことを思い出す。

昔、徳島県美馬郡とこの讃岐山脈周辺はうどんを主とした製麺所だらけだったようなのだ。

小麦の風味が生きているうどんは、ほどよい食感がありウマスギだ。徳島の故郷から香川までは近いため朝ご飯を食べに善通寺まで通っていたほどだが、確かにこの店のうどんの方がすごい。お隣では生卵を落としているが、それはいかがなものか。小麦粉の風味が死んでしまう気がする。

そばもあった。一玉食べてみると徳島県剣山周辺のように箸でつまむと折れるような十割りそばではなかった。ちなみに香川県はネイティヴなそば食文化圏ではない。

店を出てから故郷を目指す。あっと言う間に故郷だ。

四国地方

『鯉丹後』の「らーめん」（香川県高松市）

上品なだしで煮た小芋がねっとりして、しかも味がある。これが３皿目。

高松を飲み歩いたが総て空振りだった。

どこか硬質、無機質な飲食店街の古馬場町で、ふと見た路地に有機質の匂いをかぐ。誘蛾灯に誘われる蛾のように路地に引き込まれ、「中華そば」の提灯に腹の虫がさわぎ、思わず入ってしまったのが『鯉丹後』だ。

考えてみれば「香川に来たらうどん」？　世の中そんなに単純ではない。それではまるで「伊豆半島に行けばキンメダイ」的な、「京都でおたべ」的な無知蒙昧な愚か者的な考えそのものではないか。

「中華そば……。いや、やめます。おでんに熱燗かな」

店を見回すとうまそうなおでんに熱燗というお客がいて、実に幸せそうだったのだ。かけつけ一杯が二杯に、ボクはビルは嫌いだし、スタイリッシュなものなど大嫌いなのだ。この店に来て初めて落ち着いた気分になった。

しょうゆ色に染まったスープは澄んであっさりしている。細めの麺と絡んでやたらにうまい。

里芋と平天（関東人には「平たい薩摩揚げ」と言えばわかるだろうか？　香川、徳島ではこれが基本的な「揚げかまぼこ」なのだ）がウマスギ。

ほろ酔い気分になり、にこやかなオヤジサンに「中華そば、じゃなくて【らーめん】ください」

ここで三杯目の熱燗をお願いする。昔、博多長浜のラーメン屋さんで典型的な「博多ラーメン」を肴に焼酎をやっていた人がいて、とてもうらやましかった。今宵は【らーめん】で熱燗なのだ。

店の雰囲気がいい上に、お客までも優しい。ついつい長居し、酒を重ねてほろ酔い以上になる。やってきた【らーめん】のスープが見事に澄んでいて、しょうゆの色合いが琥珀色である。このスープが酒の後の胃の腑に優しい。薄味のチャーシューもいいし、細い麺も悪くない。熱燗にも合う。

ほどよく温まって、いざ美しいママ（？）のいるバーにゴーなのだ。

『もりみせ食堂』の「鍋焼きうどん」（愛媛県西条市）

ぺこぺこの薄いアルミの小鍋。その上にれんげが乗るのが基本形だ。

伊予市には「削り節」（カツオ節などをけずった製品）では有名な『ヤマキ』があり、四国でよく使われているアジ（ムロアジ）節を削っている老舗もある。ここは節の産地ではなく、削り節の産地として有名なのだ。

伊予市米湊《こみなと》にたどり着いたのは午前九時過ぎであった。ホテル飯は食べない主義なので、腹の虫がしきりに鳴いているところに紺色ののれんが目に飛び込んできた。ボクの大好きな食堂である。引き戸を開けて入ると店の中は明るく清潔だ。その奥に厨房がある。奥から出て来たオカミサンに「やってますか?」と聞くと、「やってます」とのことでテーブルに座る。

西日本らしく【焼き飯】があり、魅惑的な【オムライス】もある。欲望のまま【焼き飯】と「オムライス」をダブルといきたくなる。ただ今旅の目的は「だし」なの

アルミの鍋に入っていなければ、四国では普通だが、つゆが甘めなのが愛媛県ならではだろう。

だ。「だし」の味がいちばんわかるのものは、うどんしかない。それに加えて愛媛の【鍋焼きうどん】はとてもユニークなのだ。松山市の老舗食堂で【鍋焼きうどん】にしたら、牛肉も蒲鉾類も入っている豪華版だった。が、つゆがやたら甘い、でもうまい。

ここでも【鍋焼きうどん】をお願いする。それは松山市の老舗そっくりのアルミ鍋でやってきた。つゆを飲むと、やはり甘いと同時にだしがうまい。だしは酸味が少ないことからアジ節単独ではなく混合節（アジ節、イワシ節、サバ節などを合わせたもの）かも知れない。

つゆがほどよい硬さのうどんとよくからむ。鮮やかに赤い蒲鉾は徳島と同じもの。そば、うどん、ラーメンなど麺類専用だ。この麺類に入れる蒲鉾は日本各地で違っているが、その伝統が消えつつある。

ついでに、【うどん】もお願いするとすぐやってきた。この早さこそが老舗食堂のよさだ。近年の素

かまぼこ類、油揚げ、青ねぎは四国の基本形だが、やはりつゆだけが甘く、だしは節系。

人臭い、こだわりばかり見え透いた店とは大違いだ。【うどん】は比較的色の薄い色のつゆに定番の蒲鉾、生の油揚げ（四国では甘辛く煮た油揚げはほとんど見かけない）、そして青いねぎがのっている。四国のうどんは関東の寒々しい素うどんとは別物だ、四国でうどんを頼むと、それだけで完成度の高い立派なものがくる。しかも安い。

オカミサンにこのあたりのことを聞くと、昔は山から材木や農産物などを港に運ぶ人が行き来し、賑やかなところだったという。当然、飲食店などがたくさんあって繁盛していたらしい。

そのような過酷な仕事をこなす人に必要なのが糖分だとしたら、この【鍋焼きうどん】のつゆが甘くなった理由もわかる気がするのだ。とするとこのアルミ鍋に入って提供される、甘い【鍋焼きうどん】発祥の地はどこなのかが気になってくる。

旅は新しい食文化探訪の課題を作り出すのである。

『濱田屋』の「カツ丼」（愛媛県伊予市）

愛媛県の市場や漁港を見て回り、旅も終わろうとしていた。旅の〆はいつもトンカツ、カツ丼と決めているので、散髪しに入った理髪店のオヤジサンにうまい店を聞いた。

「カツ丼はあるけんど、トンカツはあるかな」

それが『濱田屋』だった。雨が降り出したので、オヤジサンに車で送ってもらった。建物がすごかった。入母屋造りで二階に欄干がある。これは宿を営んでいた名残ではないか？　店内はやや薄暗いが清潔だ。洋食店を思わせるテーブルに椅子。

品書きを見ていると店主らしき方が出て来た。丼ものから【うどん】、【中華そば】もあるし、【オムライス】に【チキンライス】もある。西日本なので【焼きめし】なのがいい。欲求に忠実ならば【焼きめし】と【中華そば】だが、旅の〆なので【カツ丼】にした。疲れが出たのか頭がふわふわしてきた。これから車で東京まで帰れるのだろうか？　不安になる。

なんとなくもう一度、品書きを見るともなく見て、境港（鳥取県）、木頭（徳島県）で食べて気にかかったアレを発見してしまった。ご飯の上に煮ていないか、ほとんど煮ていない揚げ

入母屋造で道路に面し欄干がある。時代劇を見ているよう。

四国地方

カツ丼の概念を覆す単にトンカツ乗せただけ丼だけど、実に味わい深い和風の汁で煮てある。

たままのトンカツを乗せて、だしで煮た卵をかけたもの。間違いなく徳島・鳥取版「カツ丼」がここにもあったのである。このタイプの「カツ丼」は日本全国にかなりありそう。気がついたのが遅すぎた。やってきたものはご飯の上に「トンカツ」が乗っているというもの。見た目は単純極まりないものだが、これでは「トンカツのせ丼」ではないか。

いきなりトンカツにかじりつく。やはりサクッとした食感は残っている。でもそこに、節（カツオ節、そうだ節、サバ節などの混合節だと思う）風味のしょうゆの味がする。「トンカツ」をしょうゆ味の地で煮てあるのだ。まったく新しい味の【カツ丼】だけど、なじみ深くもあるのは和風だからだろう。和風しょうゆ味の地がこんなに「トンカツ」と好相性だとは思わなかった。〆の【カツ丼】として満点だ。

さて、この店の前身は宿なのだろうか？　創業何年なのだろう？　これは次回に持ち越し、なのだ。

まったく未知のメロンパンを発見……

上はカステラのような生地にあんこだから、どこにもメロン性がない。アーモンドのような形で、中身はあんのメロンパンは全国的にも珍しいかも。左はメロンパンだと思ったらサンライズ。この独自性を大切にしていただきたい。

『篠崎ベーカリー』の「メロンパン」（愛媛県伊予市）

昔ながらのパン屋が好きなので、旅先で見つけるとふらふらっと立ち寄ってしまう。伊予の街は海岸線に平行に走る道に商店街ができていて、歩いていて楽しい。そこに懐かしい雰囲気のパン屋さんがあったのだ。言葉にすればモダン、造りが上品である。

古いパン屋さんで必ず探すのがあんぱんとグローブ型のクリームパンだ。懐かしいパンが並ぶ中に、東京などでメロンパンと呼ばれている丸く表面をビスケット生地で被われたパンがあって【サンライズ】とあり、アーモンドを半割にした形の見慣れないパンに【メロンパン】とあった。【メロンパン】の中身はあんこ、【サンライズ】はやはりいわゆるメロンパンの味がした。この店で買ったのは抜群に味のいい菓子パンだったが、謎の「サンライズ（日の出／SUN RISE）問題」が頭の中に残った。

そうなんだ、愛媛ではメロンパンのことを【サンライズ】というのか、と思っていたら広島県呉市でやはりアーモンド半割り形の【メロンパン】を見つけた。中身はメロン風味のクリームだった。気になったので地方に行けば必ず「サンライズ」、「メロンパン」を探すが、なかなか見つからない。ひょっとしたら絶滅危惧名称なのかも知れぬ。

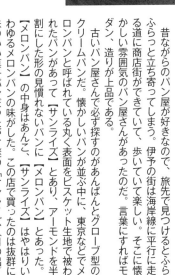

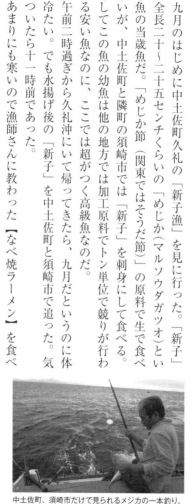

『橋本食堂』の「なべ焼ラーメン」（高知県須崎市）

九月のはじめに中土佐町久礼の「新子漁」を見に行った。「新子」は全長二十～二十五センチくらいの「めじか（マルソウダガツオ）という魚の当歳魚だ。「めじか節（関東ではそうだ節）」の原料で生で食べないが、中土佐町と隣町の須崎市では「新子」を刺身にして食べる。そしてこの魚の幼魚は他の地方では加工原料でトン単位で競りが行われる安い魚なのに、ここでは超がつく高級魚なのだ。

午前二時過ぎから久礼沖にいて帰ってきたら、九月だというのに体が冷たい。でも水揚げ後の「新子」を中土佐町と須崎市で追った。気がついたら十一時前であった。

中土佐町、須崎市だけで見られるメジカの一本釣り。

あまりにも寒いので漁師さんに教わった【なべ焼ラーメン】を食べに行く。「行列ができてるからすぐわかる」というので車を走らせたら、開店から間がないのに店の前に二、三人待っていた。店はいたって平凡な造りで、「ひとりです」と言ったらすぐにカウンターに座ることができた。

目の前が厨房で、奥に土鍋が積まれていて、次から次へと土鍋がガス台にのせられ、スープやら麺が入り、ネギを散らすと奥の方に持って行かれる。奥はかなり広そうである。土鍋の横には生の「かしわ(鶏肉)」がある。これが「懐かしい味」を作り出していたのだ。たぶんこれは親鶏である。実は徳島も親鶏（養鶏場で卵をあまり産まなくなった鶏）をよく食べる。肉は硬いがうま味が強く独特の香りがある。ちなみに、西日本では鶏肉のことを「かしわ」という。「若鶏」とか「ブロイラー」とかいう言語を初めて聞いたのはテレビの中でだ。周りの注文を聞くと、ほぼ全員が【なべ焼ラーメン】にライスをつけている。ボクもこれに従った。老舗のよさは料理が短時間で出てくることだ。

いたって家庭的な土鍋に入ってそれはやってきた。

鍋のふたを取ると黄色みを帯びた麺があり、スープはしょうゆに染まっているが、濁ってはいない。一口すすると上質のコンソメスープのようで鶏肉の風味が生きている。麺がこんもりとふくらんでいるところがあって、中から生卵が出て来た。これを崩しながら食べる。考えてみると、子供の頃、徳島の山間部であるボクの生まれ故郷では、このしょうゆ味の鶏肉の汁に溶き卵を落としたのを「親子丼（汁かけ飯だ）」と呼んでいた。このラーメンスープに卵をとくとその懐かしい味になる。

鶏ガラと親鶏から出たうま味たっぷりのスープを麺にからめてすすると、もう箸が止まらない。半熟の卵も実にいい。あま

中から生卵が出て来た。ボクはこれが苦手。

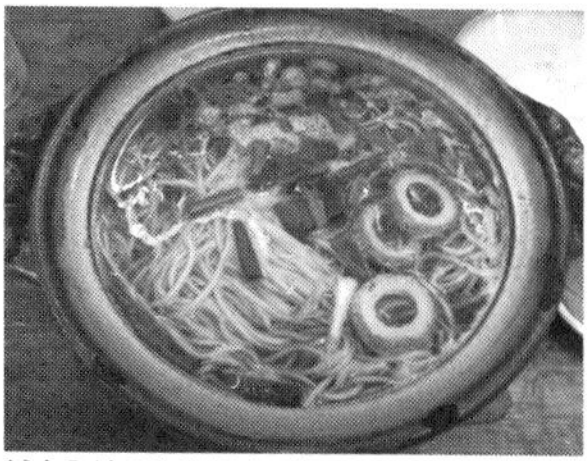

鹹水入りのやや硬めの麺で具はちくわだけ？

最後に土鍋にご飯を入れ食べる、これ正解。

食べすすむ内に生卵がほどよく煮えてきた。

りにもうまいので、スープをご飯にかけて食べようとしたら、お隣にいた朝潮（現若松親方）そっくりのオニイサンに肩をたたかれた。「ご飯はまだ食べたらいかんきに。最後に土鍋に入れたほうがええんじゃ（要約です）」

朝潮さんは巨漢に似合わない可愛らしい笑顔を浮かべて店を出て行った。立ち去ったあとには、空になったグレイの大土鍋に大盛りごはんの丼が残っていた。

麺を食べ終わってスープにご飯を放り込んで端から突き崩しながら食べる。これは明らかにウマスギを通り越している。クライマックスがいちばん感動的だった。くずした卵で濁りマイルドになったスープとご飯が出合って、それはまさに最強の味だった。

笑顔が可愛い、朝潮さんに大いに感謝！

また来るからね、と次の取材地にゴー。

『東筑軒』の「かしわうどん」（福岡県北九州市）

北九州市にある折尾駅が好きだった。駅舎がいいし、その薄暗い通路やホームなども歴史が感じられて素敵だった。国内でももっとも好きな駅のひとつでもあった。それが大方、なくなってしまい、ホームにあった『東筑軒』は駅の外に移っているようなのだ。

北九州には無数の市場がある。小倉、戸畑、八幡、門司、そして折尾とはしごして歩く。

そろそろ帰途につくために折尾の駅ホームにあがると立ち食いの『東筑軒』がある。外観からして風情がある。なによりものれんがいい。青地にみかん色の文字と白抜き文字。シアンにほんの少しイエローが混ざるだけの青は関東などでは絶対にない色合いだと思う。ここで小腹を満たす。そう言えば、この『東筑軒』にはそばもあるが一度もお願いしたことがない。やはり福岡はうどん県だと思う。

福岡県のうどんといえば、『かろのうどん』などの老舗うどん店で出されている「博多うどん」が有名だろう。だしの基本は煮干しではなく、混合節（マルソウダ、ゴマサバ、ムロアジ、

大正期にできた駅舎、そして煉瓦造りの通路。

九州地方

ほんのり甘いつゆに軟らかなうどんが北九州ならでは。これまた甘く煮た「かしわ」がうまい。

マイワシなど)だと思う。しょうゆは色づけ程度でつゆは澄み、少し甘い。つゆがからみやすい腰のない軟らかなうどんが基本だ。この腰なしうどんに上品甘口つゆが福岡市だけのものかというと、そんなことはない。宮崎県にも同じようなものがあるし、大分県も同様のものがあるらしい。ひょっとしたら九州全域がこのタイプではないかと想像しているが、どうだろう。

さて、ボクが九州のうどんの具でいちばんだ、と思っているのが「かしわ(黄鶏)」である。

ちなみに関西以西では「かしわ」と言わないとダメなのだ。だいたい鶏肉は西日本の方がおいしいいし、種類も多いのである。関東に住むボクなどは西日本に行ったら「かしわ」を土産に買ってくるほどなのだ。

主役の「かしわ」は小さく切られていて、やや甘めに煮ている。これにわけぎ、赤い蒲鉾と実にシンプルである。『東筑軒』では【かしわうどん】が一番安い。ということは、これが「素うどん」に当たるわけだ。「丸天（丸い天ぷら。関東では薩摩揚げ）」、油揚げやわかめ、えび天などを加えると「丸天うどん」、「きつねうどん」、「えび天うどん」となるのだと思うが、【かしわうどん】しか食べていないのでわからない。

　甘辛い「かしわ」の味が、これまたやや甘い味つけのつゆに溶け出して二種類の甘さが混ざり合う。そして全体にまろやかに融合したところを、柔らかくて腰のないうどんがからみあい口に滑り込む。腰のないうどんばんざい！「ウマスギで〝優しすぎ〟って感じ。すいすいイケる」

　この腰のない柔らかいうどんのうまさだけは、九州に来ないとわからないと思う。実によく汁にからむ。四国では香川県のうどんに腰があり、愛媛県のうどんに腰はないが、その愛媛県すらこんなに軟らかくはない。

　うどんを食べたら、【折尾名物かしわめし】を買う。福岡県の気風というか風土はギラギラした感じでとても穏やかとは言えない。それなのになぜかこの「かしわめし」の味までも穏やかで優しい。

古いホーム、それに「かしわめし」の文字、東筑軒の不思議な色ののれん。

『淡海』の「ちゃんぽん」（福岡県久留米市）

おおざっぱに切られた野菜を攻略してから麺を食う。スープがうまい。

西鉄久留米駅前でさんざん飲んだあとに、「久留米のラーメンを食べたい」と聞いて勧めてくれたのが大通りに並ぶ屋台だった。大通りに出てみたが、たくさん並んでいるはずの屋台がない。月曜日は大通りの屋台は休みなのか？　それとも臨時休業なのか？　わからないが酒は飲んでも、胃袋に溜まるものを食べていないので途方に暮れる。諦め気分でホテルへ引き返そうとしたら、灯りが見えてきた。それが『淡海』だった。

「淡海」といえば、ボクの世代には喜劇俳優の博多淡海が浮かんでくるが、関係ありやなしや。

ちなみに今回の旅は筑後川の川漁を見るというのが目的だ。明日も早いので一刻も早くホテルにもどりたい。のれんをく

最近のフォントを使ったのれんにはない味わい。

ぐると若いオニイサンがタオル鉢巻きで立っていた。寡黙だけど優しそうだった。品書きを見て、「チャンポン圏（山陰、岡山県以西）」に来たのだからと、

「ちゃんぽんください」

腹減りついでにお願いした【焼きめし】だったが、予想以上にうまかった。

手際がいいのかあっと言う間に目の前に。山盛りの野菜をかき分けてスープをすする。バランスのいい味でイヤミがない。一気にハラへリモードになる。

「あのー、【焼きめし】も」

ちなみに九州など西日本では「チャーハン」ではなく、「焼きめし」だ。料理店で「焼きめし」の文字を見るとうれしくなるし、西日本にいるんだという気がする。

【ちゃんぽん】一気食い。ハイ、と手渡された【焼きめし】はさらっとしていて塩加減よし、実にウマスギ！

ホテルに向かう道すがら、『淡海』のご主人の若さと屋台やのれんの古さが合致しないのを思い出した。二代目、もしくは三代目さんだろうか。次回はここでおでんにハイボールもよさそうだ。

「屋台のはしご」は楽しいらしい。また来るからね。

コラム
気になる　ボクの定番駅弁……

かしわ（鶏肉）を甘辛く煮たでんぶ状のものと錦糸卵、海苔という単純極まりないもの。経木に適度に水分を取られたご飯がうまいし、おかずとご飯の量もちょうどいい。

『東筑軒』の「かしわめし」（福岡県北九州市）

駅弁は苦手だ。滅多に買わないのはまずいからだ。特にどことは言わないが国内最大の駅あたりで売られている駅弁には、風情がないし流通を調べているボクには、仕入れに苦労したんだろうな、なんてイヤな面が見えてくる。

旅にしあれば、買ってもいいなと思うのは横浜の崎陽軒の【シウマイ御弁当】と北九州市折尾駅の【かしわめし】だけなのだ。小倉にも売っているが、昔ながらの駅舎で買うから余計によかったのかも知れない。

福岡県と言えば「かしわ」だ。例えば徳島県のうどんには「肉（牛肉）」だが、福岡県のうどんには「かしわ」なのだ。「かしわ」と北九州の関係も調べたいくらいだ。

経木の弁当箱にご飯を敷き、甘辛く煮たかしわ、錦糸卵、刻み海苔がのっていて、かしわの甘さとご飯がとても合う。おかずの奈良漬けの甘さもいい。この穏やかなかしわの甘さと、経木で適宜に水分の抜けたご飯がうまい。

ちなみに、羽田などでの時間的なロスを考えて、北九州に行く場合、飛行機よりも新幹線ということがよくある。なぜなら熟睡できるからだ。我が家の場合、新横浜乗下車なのだけれど、お昼ご飯に【かしわめし】を買うと、夕食に新横浜駅で【シウマイ御弁当】なんてことがある。

『鯉料理 白滝』の「鯉こく」（佐賀県小城市）

佐賀県は全国的にみても影の薄い県だ。これは陶器の伊万里、唐津など超有名な地域と県が結びつかないためだろう。食文化を調べている身にとっては有明海を臨む筑紫平野と、北の玄界灘沿岸域で食文化がまったく違っていること、また中央に位置する背振山や筑紫山地にも様々な特食文化があることなど、魅力がいっぱいなのだ。今回の目的地は有明海だ。ここで水産物を見て、周辺のめぼしい町もまわってみた。

佐賀県最後の日は朝方から有明海に面した鹿島市で水産物を探し、そして食べてと忙しかった。そんな日の昼ご飯くらい魚貝類以外のものを食べたい、と思ったがまだ一カ所だけ取材が残っていた。それが佐賀県ではつとに有名な小城市清水の鯉料理だ。

有明海の鹿島市から北に向かうと、最高峰でも千メートル前後という低い山並み、筑紫山地がある。この南端に清水観音と清水の滝という名所、名勝があり、多くの鯉料理店があるのだ。

「トンカツ食いたい。魚はもうゴメンだ」

清水観音への道沿いに何軒もの鯉料理店がある。

九州地方

実に食感がよく質のいい脂が均質に混在して、食感が心地よい。国内でもトップクラスの味。

とは思ったものの、本業が最優先だ。ただ心配なのは腹ぺこではあるが、本来酒の肴であるコイで飯が食えるのか？　ということだ。

小城町清水に入って、時間がないのでいちばん手前の店に入った。こぎれいな店で建物が新しい。

とりあえず「定食」というのもありだが、せっかくなので一人前の【あらい】、そしてノンアルコールビールをお願いしてみる。

やってきた【あらい】は一人前とは思えない量だった。酢みそと唐辛子みそが添えられている。平皿にこんもりと並んだあらいの下には、なんとせん切りのレタスが敷き詰めてある。【あらい】というよりは刺身に近い気がするほど生々しいが、まったく生臭みはない。しかもレタスとコイの【あらい】がこんなに相性がいいとは思いもしなかった。

日本各地で「鯉の洗い」を食べているが、これほどにうまいものには、なかなか出合えそうにない。

【鯉こく】はあらなどをみそで煮込んだ汁。ご飯にも合うし酒の肴にもなる。

赤い唐辛子みそをのせて食う、じわりとコイの洗いから脂が浮き出してくる。ついまた箸が伸びる。

「ウマスギ！　コイをしてしまいそうだ」

だじゃれを言っている場合じゃない。

さて、【あらい】が四分の一だけ残ったところで、ご飯をもらって、さて今度は【鯉こく】である。これがうま味豊かでやたらに飯に合う。

「ご飯お代わり！」

それほど【鯉こく】はご飯に合う。

意外に知られていないのが九州での鯉の食文化だと思う。鹿児島県、佐賀県、福岡県、宮崎県ではコイのあらいや甘煮が普通にスーパーなどに並んでいる。九州は長野や茨城ほど有名ではないが全国的に見てもよくコイを食べている地域なのだ。

考えてみると、国内のコイの産地は淡水魚を食べる文化の衰退とともに苦戦しているのかも知れない。コイ好きとしてはもっと多くの方たちにコイのうまさを知っていただきたいと思う。

さて、旅のメはコイ？　ではなくて羽田でカツカレーだった。待ち時間が長いとこうなる。

『吉宗《よっそう》』の「茶碗蒸し」（長崎県長崎市）

出版社の女性に「今月長崎に行くんです」というと、「わたしの故郷です」といろいろ情報をいただいた。最後に出てきたのが『吉宗』だ。「『吉宗』で茶碗蒸し食べてくださいね」と言われたが、「茶碗蒸しか？」と首を捻る思いがした。

長崎の二日目、午前三時に長崎中央卸売市場を目指した。朝は市場飯だった。そこから築町にある市場を見て、昔ながらの商店街が残る新大工町を歩いた。古川町、万屋町と古本屋を二軒流した。もう一軒探しているといつの間にか昭和二年に建てられたという『吉宗』の二階建ての木造建築の前に来ていた。

品書きも見ないで店の方に言われるままをお願いすると、丼がふたつやってきた。「やけに地味だな」と独りごちてふたをとると、ふたつともまるで花が咲いたように華やかだった。【蒸寿し】の上には刻んだ穴子（マアナゴ）、でんぶ、錦糸卵がのっている。ご飯にはゴボウを混ぜ込んでいる。やや甘めの味つけながら全体としては上品な味に仕上がっている。【蒸寿し】と【茶碗蒸し】のふたつともどもに主役を張っている感じがする。でも食べ始めると

長崎魚市場は国内最大級の巨大市場で夢中になる面白さだ。

年代を感じさせる丼がふたつ並ぶ。ふたが丼の中に納まるなど現在の茶碗蒸しの容器とは違う。

【茶碗蒸し】が確実に主役だ、と思えてきた。そう言えば、【蒸寿し】ではなく、「茶碗蒸し食べてきてくださいね」と言われのだ。

鶏肉、蒲鉾、しいたけ、ぎんなんや竹の子が入って豪華絢爛、優しい甘さでやたらにウマスギだ。

創業は慶応二年。長崎には坂本龍馬がいて（？）、海援隊があり、グラバーが居を構え、幕府は陰りを見せて、薩長土の侍がしのぎを削っていたはず。そんな騒然とした時代にこの店は創業したのだ。

茶わん蒸しは十七世紀に明・清（現中国）、洋（オランダ、ポルトガルなど）に、和がチャンポンされて出来上がった卓袱料理にあったものだ。「卓袱」とは机のこと。現在では円卓だが、十七世紀頃は四角い机だったという。基本的に机で食べる習慣のなかった日本人にとって、長崎で唐人（明・清、オランダ人）との食事でもっとも驚きだったのが、この机に食べ物を並べて食べるという行為だったわけだ。

長崎の菓子類にも見られる鮮やかな赤や黄に異国を思わせる。この色合いの蒲鉾も長崎風だ。

ただ十七世紀の文献に残る献立は、明時代の大陸料理そのもので、現在の卓袱料理になるのは、もっと後のようだ。江戸中期になると出てくるのが「茶わん」、「お茶わん」という料理。中の具に「麩」があることから、これが「茶わん蒸し」にあたるのだろうか？　長崎県の食文化は複雑で多様だ。

残り少なくなっていた【蒸寿し】をほおばると、やはりこちらもただもんじゃない。

ちなみに「蒸しずし」は絶滅危惧料理のひとつである。本来は、作り置きしておいた「ちらしずし」などを、「蒸す＝温め直す」もの、一般家庭の「残り物をおいしく食べる工夫」だ。ボクの知っている限りではほかには、島根県松江市、近畿（京都府、大阪府など）でしか「蒸しずし」を出す料理店は知らない。京大阪では、「蒸しずし（ぬくずし）」を出す店が急激に減少している。

腹一杯になった。次は「白くま」でも食うか？

『吉祥庵』の「穴子蒸し」（熊本県熊本市）

※現在は閉店

熊本地震後の熊本を知らない。早く行かなければと思うが、日本中の水産物を一人っきりで調べているので、なかなか飛んで行くというわけにもいかない。

ボクは徳島県の山間部の町で育った。中学校の修学旅行は広島、山口を経て関門トンネルを渡り、太宰府、阿蘇山に登った。そして熊本城を見たのだ。だから、今回の熊本旅（二〇一一年）で、ぜひとも熊本城をまた見てみたかった。

さて、時間を戻す。くまもと田崎市場で不知火海、有明海、天草などからの魚貝類を見て回った。有明海からきたワラスボや「しゃく（アナジャコ）」がピンピン跳ねているのに感動した。その上、市場飯がやたらにうまかったのである。この熊本市田崎町にある市場はボクにはワンダーランドそのものなのだ。

熊本城は豪壮であった。今はどうなっているのか？

市場を後にして熊本市内を見て回り、空きっ腹を抱えたまま熊本駅に駆け込んだ。ホームの端っこで大好きな「いきなり団子（切ったサツマイモにあんをのせて小麦粉生地でくるみ蒸したもの）」を発見！　三つ、四つ買って電車で食べようと思って近寄ったら、隣にある弁当が

九州地方

西鉄の電車で、まだ温かみと蒸した香りが残るものを一気に完食。これは駅弁の名品かも。

これまたうまそうではないか。【うなぎセイロ】、【穴子セイロ】、【三色おこわ】に【栗おこわ】と全部蒸したもの。胸の鼓動が大きくなるラインナップではないか？　電車の発車時刻が迫っているのもあって、どれにしようか迷うし気は急くし。

「柳川でウナギを食べる予定なのに」

と思ったので「穴子」に決めたが、売場のなかにいた今にも演歌を歌い出しそうなオカアサンが「三色おこわもおすすめ」って言ったのだ。考えてみると「うなぎ」も「穴子」も変わらない気がしてきた。

電車に乗り込んで折をあけて気がついた。

「いきなり団子ちゃーんを買ってない」

意気消沈して食べた。この弁当がほんのり温かくて、とてもうまかった。やや甘めながら、タレのしみたご飯がいいし、刻んだ穴子（マアナゴ）の焼き加減、味つけがいい。

「これは大発見、駅弁なのにウマスギ！　だ」

あっさり上品な白湯スープに春雨に爽やかな野菜。上品上等だが飯ではなくおやつだ。

『肥後めしや 夢あかり』の「太平燕」（熊本県熊本市）

熊本の市場で大興奮、疲れ果て動けなくなった。休もうと市場の喫茶店に入ったら。仲買さんらしき人から、

「あんたさっき競り場におっちょらしたな?」

「そうです。これから（熊本）市内にうまいもんを探しにいきます。熊本の名物ってなんでしょうね」

「タイピーエンはどうかな?」

それが何か、がわからないまま、元祖でおいしいという店の地図をくれた。熊本市電で繁華街に向かった。

店を探すが見つからない。時間がないので、しかたなく熊本城に行くことにしたのだ。城は中学生のときとさほど変わっていなかったが、城内に観光施設ができていた。そこに【太平燕】があったのだ。

塩味のスープにゆで卵とエビ、たっぷりのねぎの下に隠れていたのはなんと、春雨だった。「ええ!!」と驚き、チュルチュルたぐっていたら、いつの間にか丼の中身が消えていた。たぶんおいしかったが、食べたという気がしない。これ、大食漢にはおやつだ。できれば丼つけたい。

もともとは福建省の料理で熊本では市内の料理店（教えてもらった店）が発祥であるようだ。熊本に来たら焼き飯に【太平燕】をつけるって感じかも。

※震災前の文章です

『宝来軒』の「ラーメン」（大分県中津市）

その日は早朝から中津魚市場で豊前海の魚を見た。それから、中津の街を歩いた。散髪は旅先で、がモットーなので、理髪店を探した。町中ぐるぐる回った挙げ句、『ヘアーサロン 秋本』という店で理髪してもらったら、素晴らしい理髪店だった。国内三十県以上で散髪をしているが、今のところベストワンだ。実は椅子（バーバー椅子というらしい）に座った途端、腹の虫が鳴きはじめていたのだ。

「このへんでおいしいお昼食べられる店ありませんか？」

「前のラーメン店は、市内で知らない人はいないという店ですよ」

息子さんがすすめてくれる店は理髪店内からも見えた。

ガツんと揚げ物でご飯の気分だったので、ラーメンではもの足りない。でも気になるので「おやつ気分」で『ヘアーサロン 秋本』前の『宝来軒本店』のド派手なのれんをくぐる。店内は満席に近い。ほとんどが地元の方たちらしく、年齢層がバラバラである。

あれこれ考えるのが面倒なので「ラーメン」をお願いした。

やってきたものは博多の「長浜ラーメン」に似ているが、しょうゆの色が強い。麺が細く、

中津魚市場で名物ハモを活けじめに。

豚骨の色合いに、しょうゆの色が加わって、いかにも濃厚そうだが、意外にイヤミがない。

たぶん豚骨ベースなのだろうけど、スープはイヤミがなくあっさりしている。要するに福岡市や北九州市の典型的なタイプのラーメンよりもボク好みだ。

超ウマスギ！　とまでは思わなかったのに、翌日、また「おやつ気分」でふらふらっとのれんをくぐってしまった。なぜなんだ？　中津市民が愛して病まない理由はこんなところにあるのかも知れない。

麺にからむスープの塩分濃度というか、うま味成分と甘味などの、言うなれば総合的なバランスがいいのかも知れない。丼の底に残った胡麻が散らばったスープを飲み干して、店を後にしたが、また来そうな予感がした。翌日は干潟を見た。いろいろ収穫があって、中津駅近くのホテルを目指したのは昼過ぎだった。夕食はすし屋なので、腹を減らしておこうと思いながらも、またまた「おやつ気分」で三杯目の「ラーメン」を食べた。嫌いだったはずの細い麺が好きになり、もちろんすしも食べた。

『松万食堂』で糖分とりすぎ（宮崎県日南市）

魚貝類を調べるための旅は早朝がもっとも忙しく、正午前後に〝中だるみ〟というか時間に余裕が生まれる。日南市のある宮崎県南部沖には沖縄本島から奄美大島を経て九州南岸に至る海流域とは異なる水産生物がいるようで、新種も多く見つかっている。しかも宮崎県の食文化は熱帯・亜熱帯域からのものと、本州から南下して流れてきたものが合流して、実に面白いのだ。早朝から目井津漁港で時を忘れるほど魚まみれになる。ふと時計を見ると十一時を回っていた。

目井津漁港でめぼしい魚を徹底的に発掘する。

空腹に耐えながら海辺から山の方に向かって車を走らせ飫肥に着いた。飫肥藩・伊東氏の城下町。飯を食らう場所を探して歩く道で、何度も、何度もしゃがみ込み腹の虫をなだめる。が、歩いても、歩いても、ボク好みのガツンとくる食堂らしい食堂が見つからないのだ。

「腹が減りすぎて、もう動けん」

城下町を縦横に歩き尽くして、城趾からかなり外れたところに、やっと希望の灯りを見つけた。まごうことなき食堂だ。のれんがいい。やっぱり飲食店には〝のれん〟である。

引き戸をあけると先客は二人だが、どうみても観光客には見えない。遅めの昼飯を食らうサ

香りが立つほどソテーした卵のオムライス、限りなく透明なつゆのうどん。これぞ理想型。

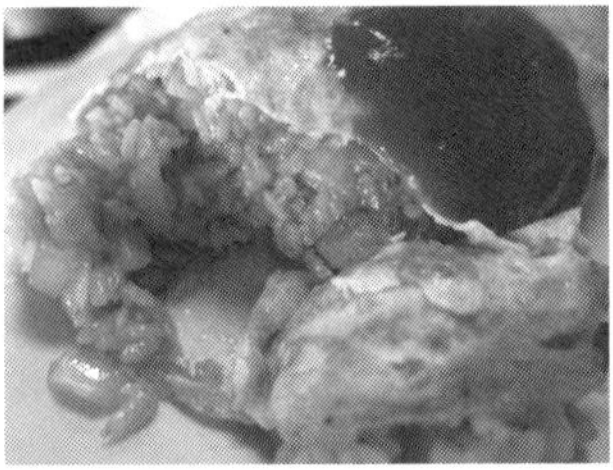

中のライスのケチャップ度が好ましい。

つゆは少し甘めだが、非常に後口がいい。

ラリーマンのようだ。前にいる男性のところに運ばれたのを見ると、どことなく神々しく輝いている物体だった。たぶんそれはきっと「とんかつ定食」だ。「これで決まり！」と思ったら品書きに赤い染みのようなものが浮かんで消えた。見えたのではなくボクが勝手にそこに赤を感じただけかも。ようするにケチャップの赤。突然視線がオムライスの札に行き当たり、そこから連想されたケチャップだ。「ケチャップ系が食いたい」

お盆に【オムライス】と【うどん】がのってやってきた。お盆に仲良く並んでいたのは理想的なオムライスに、澄んだだしのうどんだった。紙ナプキンでクルクルのスプーンが懐かしい。

まずはいきなりオムライスを五分の一ほど口の中に放り込む。

「かー、いいね、このよくソテーした卵の香ばしさ、中のチキンライスのほどよいケチャップ度。卵焼きの上からナイヤガラの滝のように落ちているケチャップの量もたっぷりでいいぞ」

オムライスを一気食いしたくなるのを我慢して、オムライス用のスプーンから箸に持ち替える。まずは【うどん】のつゆをすする。驚愕の味だった。

分析すると煮干しだしにみりん、塩、色出し程度のしょうゆだと思う。宮崎県は名物「冷や汁」にも煮干しが使われている。カツオ節よりも煮干しが主流の地域なのだ。つゆの甘味の強いのは、近畿圏などの砂糖・みりん・酒などの混合体によるものではなく、みりん単体とみたが間違いかも知れない。でもこの甘味は非常にユニークだ。

青ねぎに練り物三種類が豪華である。そして九州ならではの腰のないうどんがいい。

近年、九州でも腰のあるうどんに出合ってしまうことがある。何が不幸かと言って、せっかく腰のないうどん圏に来ているのに、場違いな〝腰ありうどん〟に出合うほどの不幸はない。

つゆの味とうどんのバランスがよく、こちらもスイスイと腹に納まっていく。オムライスはパクパク、うどんはスイスイと瞬時に胃の腑に納まる。

急須一杯の茶をゆっくり飲み、飫肥城趾に向かう。たまには観光だって、するかも知れないし、しないかも知れない。もう一軒ってのもありかも知れない。

透明感のあるスープは塩気の強い、明らかに関東のタンメンと同じものなのだ。

宮崎県の「チャンポン」

【チャンポン】は明治中期に長崎市にある『四海樓』の創業者が福建料理をもとに作り出した。鶏ガラと豚骨でとった白濁したスープと太めの麺、イカやエビなどの魚介類に赤や青のはんぺん（関東のではない。長崎県独特の蒲鉾）が入っていて彩り豊かなものだ。「支那饂飩」で売り出されたこともあるというくらいで、麺も太めでなければならない。

ところが宮崎県にはまったく違う【チャンポン】が存在する。スープはしょうゆ味で澄んでいて野菜がたっぷり、生の豚肉を使うことなど、あえていうと関東の「タンメン」と同じものだ。たぶん関東の人間がこれを食べたら、皆が「タンメン」と思うだろう。日南市の『南陽軒』、そして閉店して今はない日向市『宝来園』のも麺細めの明らかに「タンメン」であった。ちなみに『南陽軒』には赤い蒲鉾、竹輪が入っていて、これで「タンメン」なのかも知れない。『宝来園』のは華やかな蒲鉾類は入っていない代わりに、スープが少しだけ白濁している。

両店とも、見た目は地味だがスープ、麺ともに味がよく酒の後などに持って来いの味だった。蛇足だが宮崎県の食堂で、麺類にも漬物がつくのは、なぜなのだろう？

『やなぎ亭』の「定食」（鹿児島県鹿児島市）

鹿児島市にある鹿児島市中央卸売市場魚類市場で見られる魚介類は国内でももっとも多彩である。行くたびに発見がある。やたらに楽しい。この日も奄美大島から来た百二十キロのタマカイ（世界最大のハタ）がごろんと転がっていた。魚市場を見ていると二時間や三時間はあっと言う間に経ってしまう。市場人（市場で働く人たち）は場内の食堂も利用するが、それぞれがお気に入りの料理店を持っているようだ。市場人や動物学関係の知り合い何人かに、行きつけの店を聞いてみた。なぜか同じ店だった。

午後一時過ぎ、知り合いの市場人の昼飯食いにのこのこと着いて行く。その店、『やなぎ亭』は市電の騎射場停留所そば、大きな道に面し看板こそ目立つものの、入り口がビルの正面ではなく横向きで、階段を下りたところにある。これじゃ、とても旅人は下りていけない。階段を下りてスイングドアを入ると、店内は食堂と言うよりも喫茶店風の造りだった。奥に下がった品書きを見るとトンカツありのエビフライ、カレーもあるし九州定番のチャンポンもある。

「【日替わり定食（コロッケ定食）】がいいかも知れません」

鹿児島中央市場は面白度は国内トップ。興奮、また興奮。

いたって平凡な定食だけど、コロッケは手作り感にあふれていて、ご飯がとてもうまい。

迷いに迷っているボクを見かねて鹿児島屈指の市場人が言った。でも、【チャンポン】があの典型的なチャンポン（タンメン的なものではなく魚介系）なのかも気になる。【ジャンボトンカツ】、なんと魅力的な響きなのだろう。思い切ってカツカレーだっていいかも知れない。息苦しいくらいに迷った挙げ句、ボクも【日替わり定食】にした。

やって来たものは普通の定食だった。清く正しい定食とはなんだ？　と問われれば、まごうことなくこれだ！　って感じだ。超ハラヘリ状態だったので、いきなりコロッケにかぶりつく。これは絶対に市販の冷凍ものではない。

パン粉部分が少し硬めでカリッと香ばしい。つぶしたジャガイモの味つけがいい。ひょっとしたらコロッケだけ大盛りもできたんじゃないだろうか？

「このウマスギが一個ではとうてい足りない」

周囲を見渡し厨房の方を見ると、やたらに忙しそうだ。別に鹿児島市内で定食のはしごをしたっていいのだからと、ググっとこらえてマカロニサラダをポロポロと食べる。考えてみると定食に添えられたマカロニサラダとかポテトサラダは、ハラへり急ぎ食いの休息場所なのかも知れない。腹が減っていたのでついつい早食いになるのを一息つかせてくれて、少しは味わって食べようではないか、という気にさせてくれる。

「この店、おかずもうまいけど、ご飯がやたらにうまいですね」

「そうでしょうか？　毎日来てますから、どげんでしょう」

毎日食べているものなので市場人は黙々と平らげていく。

うまいご飯とソースがたっぷりかかったコロッケって昼飯界最強のタッグだと思う。サラダなど脇役を徹底的に攻略して、漬物も食べてしまう。小鉢のせん切り大根（鹿児島では切り干し大根とは言わない）が素朴な味でいい。

最後に半分残ったご飯にコロッケ丸ごと一個をのせて箸で切り崩しつつ、ときに混ぜ込みながら食べる。これぞ「思わずブルドーザー食い」というヤツだ。文句のあるヤツはやってきな、ってね。

あっけなく空っぽになった茶碗を見て、ボクは無常を感じて悲しくなる。少々疲れたので夕方までホテルで休む。

ベッドにダウンする前に市場で買ったウニとビール。一人で乾杯！

たぶん鹿児島にしかないガンガゼ（ウニ）の剥き身でビール。

『Kina』の「つけあげホットサンド サラダつき」（鹿児島県屋久島）

貝を採取する場所を探して屋久島の海岸線を右往左往していて、ガジュマルの林のそばにカフェを見つけた。屋久島に嫁いできた中馬智恵さんが自力で開いたカフェだった。これだけでオジサンであるボクには無理と思ってしまうし、だいたい典型的なデブのボクが「カフェ」に入っていいものだろうか？

だいたい屋久島には伝統的な瀬（海の深場から浅場にかけて斜面になっているところ）の釣り漁とトビウオ漁、磯の食用生物を見に来たのであって観光に来たわけではない。

ネコ様に「お前はだれじゃ？」と聞かれた。

案内してくれた女性の行きつけの店であったこともあって、ほとんど初カフェ体験というものをやらかした。屋久島の多彩な植物に囲まれた平凡な一軒家ではあるが、そこここに和でも洋でもないモノが置かれていて、なんとなく落ち着く。ヤケに気分がいい。畳敷きの小上がりで、オススメの【つけあげホットサンド】と【たんかんジュース】をお願いする。

「さば節（ゴマサバのなまり節）が入った【フォカッチャ】もおいしいのよね」

なんてことを聞いたので、そちらも追加。美しき屋久島の人妻二名を前にして大食いだと思

カフェメニューを前にすると、オヤジですけどすみませんと謝る。温かいサンドがウマスギ！

われるのもなんだが、腹で暴れる食欲鬼に負けた。

それほど待つこともなく【つけあげホットサンド】がやってきた。花嫁は夜汽車に乗ってだが、カフェメニューは白い皿にのせられてやってくるという法律があるのだ。いい香りが立ち上ってくる。かぶりついたらパンもうまいし、中身もうまかった、「めでたし」だけど、このうまさはどこから来るのか？

挟んであるのはトビウオ類（何種類もいて特定できない）の「つけ揚げ（関東の薩摩揚げのことだ。大手メーカーのものはスケトウダラなど冷凍すり身を使うが、鹿児島などでは周辺で水揚げされる魚ならなんでも使う。歴史的には「つけ揚げ」、もしくは「天ぷら」の方が「薩摩揚げ」という言葉のよりも古い）」だ。パンと非常に日本的な練り製品が融合して味に相乗効果を生み出しているようだ。この相乗効果をもたらしている犯人は甘酸っぱいソースだ。コイツがパンと「つけ揚げ」の仲を取りもって

フォカッチャと島名産のなまり節の融合。

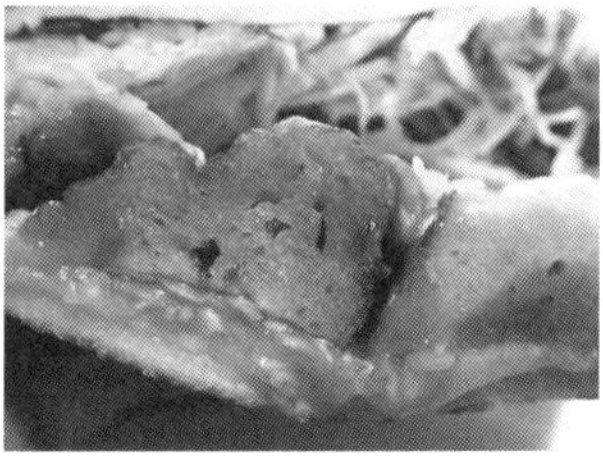
屋久島で作られているトビウオの「つけ揚げ」。

いる。キャベツもいい仕事をしてますなー、って感じだ。ちなみに「つけ揚げ」がニラ入りなのは屋久島ならではだ。

ウマスギ！　を食べると余計に腹が減る。サラダをワシワシとかき込んだら間髪入れずになまり節入りの【フォカッチャ】にかぶりつく。これはホットサンド以上にボク好みだ。カツオやサバ類のなまり節は無国籍な加工品なのである。これは「節」が南方の島々からもたらされたものだからかも知れない。なまり節は決して米の飯に合うわけではなく、むしろパン系に合うのかも知れないな、なんて思う。

クリームチーズの優しい味が、なまり節とフォカッチャ（平たいパン）とを不倫させて、オニオンがきりりとその泥沼のような愛情関係を引き締めているのがいい。ふと息苦しくなってきた。考えてみると最初の一口から息をするのを忘れていたのだ。

食べ終えて、優しい味の【たんかんジュース】をごくりと飲む。外に出ると爽やかな海の風を感じる。

「いざ、屋久島を駆け巡るぞ。エイエイヤー！」

太鼓腹をポンポンとたたいていたら、「なんじゃこのオヤジは」と軽蔑の目でネコ様がこちらを見ていたのだ。

大急ぎで食べるのだよ……

↑非常に細い麺と、ほんのり甘いつゆが合って、うまい。
→桜島を出て、振り向くと鹿児島市内が間近に見える。

『やぶ金』の「天ぷらうどん」（鹿児島県桜島フェリー）

垂水市の理髪店で、鹿児島市内に通勤しているという人に会った。「ボクは日本全国の床屋さんで髪の毛切ってます」と言うと、鹿児島の情報をいろいろ話してくれた。「こっち（垂水）に来るときうどん食べました？（意訳以下同）」、食べていないと言うと、「帰りは？」と聞かれて桜島からと言うと「うどん食べてくださいね」と言われた。

素直なたちなので、桜島フェリーで【天ぷらうどん】を食べた。注文するとあっと言う間に出来たのにビックリ。窓際で食べているとすぐそこに鹿児島市内が見える。

桜島から鹿児島市内まではたったの十五分間しかかからないのだ。車に戻る時間も入れると、ほんのわずかな時間にうどんをすすらなくてはいけない。

しょうゆ色の汁に細めのうどん、機械揚げらしい褐色の部分の多いかき揚げが丼と同じ大きさでのる。だしはやや濃いめだが、なかなかいい味をしている。うどんは少し細すぎだが、適度に腰がある。そこそこウマスギだ。

もしも、もしもだ。ボクが桜島に住んでいたら、朝ご飯はフェリーで、というのもありだろう。ふと岡山県宇野と香川県高松を結んでいた、宇高連絡船のデッキで食べたうどんを思い出した。船でうどんって懐かしい気がする。

『知念商会』の「オニササ」（沖縄県石垣市）

店の奥から右手に揚げ物のケース、左手にお握りや稲荷ずしが並んでいる。

ホテル飯は食べないのがモットーなので、案内してくれた方に朝ご飯を食べられるところを聞いた。

「知念がオススメかな？　Kさん（知り合いの分類学者）たち研究者は毎朝必ず、ここの【オニササ】を食べていたんです」

翌朝、『知念商会』の駐車場に車をとめると、店の前にも、広い店内にも人がいっぱい。混んでいる店が嫌いなのでイヤイヤ入ったら、そこは間違いなくパラダイスだった。店の奥に行くと右手に揚げ物いっぱいのガラスケースがあり、左にふりかけのかかったお握り、ジューシー（炊き込みご飯）のお握りがぎっしりと並んでいる。

店内にはシークァーサージュースに沖縄野菜に、文房具やタオルなどなんでもある。さんぴん茶一本を手にケース

ささみフライにソース類をかけてお握りを。

ビニール袋の片手にささみフライを取る。

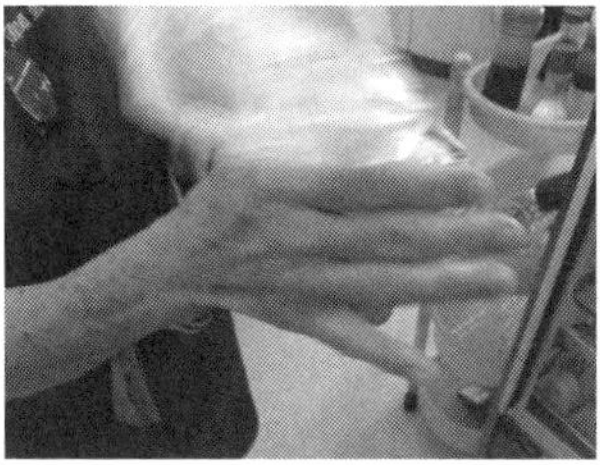
これを袋の上から食べよい形にしていく。

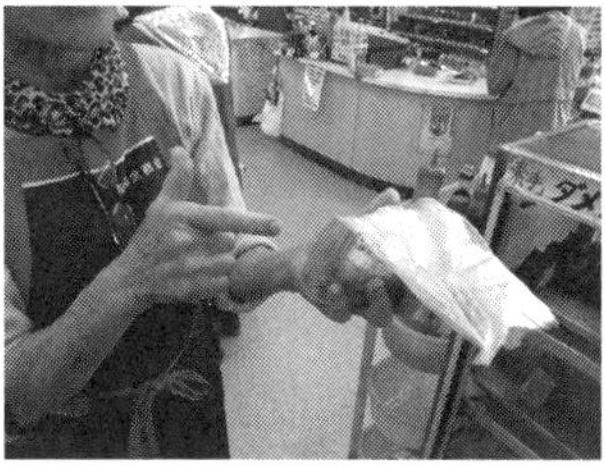

袋で包むようにして、ふたつを合わせる。

の前でまごついていたら、店のオバサンが【オニササ】の作り方を教えてくれた。

せっかくなので三角形の【揚げパン】、【ジューシー（炊き込みご飯）】、【いなりずし】も買う。車の中で食べてみると【いなりずし】はやや甘めながらいい味だったし、【揚げパン】もうまかった。ただ、なんといっても真打ちは【オニササ】だった。

オバチャン曰く、「オニはお握り、ササは鶏のささみ、それで【オニササ】」なのだそうだ。「ポーク（ランチョンミートのフライ）にすると【オニササ】じゃないんですか？」「なんでもいいの、全部【オニササ】」

この「ササ」である鶏ささみのフライの表面がカリっとしてサクサクして香ばしい。中のささみも揚げ加減最高で、超を三つつけてもいいくらいのウマスギである。ふりかけだけの単調なお握りの味に、この香ばしさが加わると最強の味になる。これを考えたのは近所の高校生だというが、たぶんそのハラヘリ高校生は食の天才だったのだ。

　さて、腹一杯になって石垣漁港へ。

食べながら、もっとソース類をかけた方が、とか反省点を考えるのが楽しい

そのあと島を走り回り、深夜には磯に出た。睡眠時間二時間ほどで、疲れ果てた翌朝も「ちねんした」のである。

　この日はまるで常連になったようにポークの【オニササ】と、基本形の鶏ささみ【オニササ】とを一個ずつ、いろんなソースをかけまくり、あっと言う間に作った。要するにそれほどに作るのは超簡単なのだ。

　実はランチョンミートの濃すぎる味が好きではない。ところがフライにしただけなのに濃厚さが薄れてとても好ましい味に変身しているではないか。端からわっしわっしと食らいつくと、さくっと軽い衣に包まれた濃厚な味のポークがお握りと合わさって、ウマスギ！　だ。思わずウマスギ！　ゴーゴーを踊ってしまう。

　最終日も【オニササ】と思っていたが、二日酔いで、朝の「ちねんタイム」を逃してしまった。残念だ。

　今旅最後の魚取りにゴー、なのだ。

『マエザト食堂』の「昼ご飯」（沖縄県石垣市）

石垣島ではほぼ毎日、夜も昼も海に出ていた。と言ってもダイビングでもシュノーケリングでもなく、海辺の生き物を泥臭く、地を這うように探して歩いたのだ。案内してくれたのは白保の海人《うみんちゅ》、モリでサンゴ礁の魚を突きとって生きているカッコイイ男だ。

朝方、港で水揚げを見て、午後は浜に出て波打ち際にいる「アサリ（何種類かの二枚貝の総称）」を探す。その合間を縫って腹ごしらえに海人行きつけの『マエザト食堂』に行った。この店の外見は食堂ではなく、むしろコンビニのようでもあるし、単なる食料品店のようでもある。聞くと民宿もやっているらしい。

向かって左手の食料品店側から入る。入り口近くに顔に深い年輪を刻んだ強面のオバアがいる。海人が「久しぶりね」と言うとオバアは無言でギラリと目を光らせる。

店内の商品は少ないが、ひとつひとつが不思議なほどに面白い。石垣島特有のヤギやイノシシ（野生）などの肉、八重山そばの生麺などがある。

これまた石垣島の食料品店の特徴であるジューシー（炊き込みご飯）のお握りやサンドイッチがあり、揚げ物が大きなスペースをとっていて、そばにソースが置かれている。もちろん

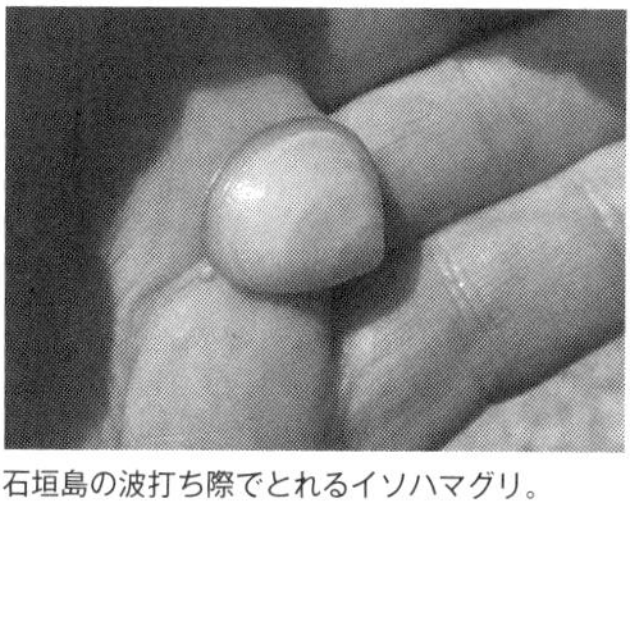

石垣島の波打ち際でとれるイソハマグリ。

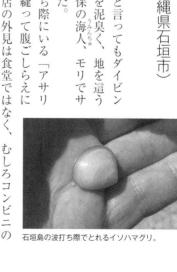

持って帰ってもいいし、店内で食べてもいい、これも石垣島の食料品店の特徴かも知れぬ。

右手は食堂の入り口である。席に着き、店内を見回すとやけに広く感じるのは亜熱帯の光りというか空気のせいに違いない。造り自体は何の変哲もない食堂らしい食堂で、小上がりがある点など逆に日本的なところが浮き上がって見える。

奥から出て来たオッチャンの雰囲気が落語でいうところの「ふら」というか、どこが面白いのかわからないのに面白く、特異なところは別にないのに特異に感じられる。

海人は、昼は食べたのでと言って「そば小ね（海人は生粋の八重山人ではないのに、最後の音が少し上がった）」と言った。ボクはその時、チャンプルー選びに迷っていた。石垣に来て「トーフ（豆腐）」、「フー（麩）」と食べてきている。とすると「ゴーヤ」だろうか。でも「フー」をもう一回という気もするし、「トーフ」も捨てがたい。迷いに迷って「【トーフチャンプル】を」と言った途端にやはり「フー」かなと思い、「すみません、フーにしてください」。と言った途端に「ゴーヤ」がいいかと考え直し、すみません「やっぱりゴーヤ」。迷え

【ゴーヤチャンプルー定食】には汁代わりに八重山そばがついていた。

九州地方

平打ち麺の使った焼きそばの味は軽く、しかも上品。微かにソースの風味が。

るボクにオヤジサンは「ふら」な笑いを投げてきた。

先に「そば」が来た。少し白濁したスープに白い平打ち麺、味つけした豚ロース肉に沖縄県でよく見かける白く幅広な「ちきあげ（関東では薩摩揚げ）」が散らばる。

「定食にもそば、ついてますからね」

海人はボクの心を見透かして言った。石垣島の八重山そばは単品でお願いしてもいいが、定食にもついてくることが多いのかも知れない。

実はめちゃくちゃ大好きな【ゴーヤチャンプル】がやってきた。これをオヤジサンが作った「コーレーグス」をかけて食べる。これをこぎれいな店とか東京で食べるとなぜかおいしくない。チャンプルはまじめに作るとまずいのではないだろうか？

いたって日常的なものなのだからこそ普通に、肩の力を抜いて作るべきもののようだ。目の前にあるのは毎日、チャンプルーしているオヤジサンが、何も特別なことを考えずに気楽に作っているもので、だからこそやたらにウマスギなのだ。

一箸つけると塩加減がドンズバリで箸が止まらなくなる。あっと言う間にご飯も消えてなくなる。汁代わりの八重山そばの椀もいいぞ、いいぞ、ウマスギ、ゴー、ゴーなのだ、イエエーイ！

なかに入り混じって隠れていた肉をつまんで、

「これ豚肉かな？　決まりあるのかな？」

「その日ある肉さ」

オヤジサンは笑って奥に消えた。一気食いしたせいか、胃の腑に空虚な部分が残っている。壁の品書きを見ていたら、【焼きそば】に目がとまった。ふと秋田で食べた「横手焼きそば」が心に浮かんできた。石垣島の【焼きそば】はいかなるものか？　僕の心に強い探究心が湧き上がってきた。あくまでも探究心であって食欲ではない。果てしない宇宙の中に浮かぶブラックホールの強大な引力をはねかえして、飛び出してきた火の玉のような探究心がばーっと吹きだしたって感じだ。

やってきた【焼きそば】は「横手焼きそば」よりも見た目も味つけも洗練されていた。微かにソースの香りがするが気のせいかもしれない。そばは石垣島の「八重山そば」の平打ち麺で、チャンプルーの野菜であるもやし（ちゃんと芽も大豆の部分もとってあるのが沖縄県のもやしって感じ）、にんじんに玉ねぎと、ちきあげ、そして麺に隠れるようにへばりついている、それは、まさかまさかの「ソーキ（豚のあばら肉をゆでて味つけしたもの）」ではないか。なに？　とオヤジサンに聞くのはやめた。また、来まーす。

自家製「コーレーグス」は島唐辛子を泡盛に漬け込んだものだ。

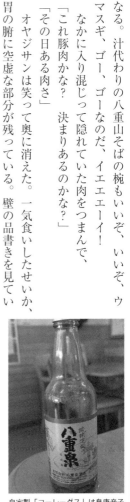

↑【魯肉飯】は台湾風汁かけ飯と思うべし、なのかも。
→八角などのスパイスの香りがする【台湾風そば】。

『美好食堂』の「魯肉飯《ルーローハン》」（沖縄県石垣市）

海人に石垣の繁華街を案内してもらった。

「ここは本土よりも台湾の方が近いんです」

ということで、台湾料理を出すという店に行ってみた。純粋に台湾というよりも、八重山の食文化と混ざり合っているようなそんな食堂だった。お願いしたのは【魯肉飯】、【八重山そば】、【台湾風そば】で総て小だ。

【魯肉飯】は台湾の国民食ともいえそうなもので、豚の細切れを八角などの風味で煮込み、ご飯にかけたものだ。意外にあっさりした味わいで煮込んだ豚肉がうまい。

【八重山そば】は市内で食べたものと少し違っているように思えるが。石垣の食文化自体が台湾の影響を多大に受けているとしたら、同じようなものが台湾でも作られていて、それを【八重山そば】としているのかも。

戦前戦後と八重山と台湾にはもちろん国境がなく、自由に行き来していた。この街のオバアたちで中国語を話せる人が多いのもそのためだ。そう言えば台湾の大学を受験する高校生も少なくないとのこと。この街の人は本土よりも台湾に親近感を覚えているのかも？　今度、台湾に行き、逆に八重山を見てみるとどうなのだろう。営業日がはっきりしない店のようだ。開店していたらラッキーと思うべし。

マイナビ出版　好評既刊！

教養として学んでおきたいビートルズ

里中哲彦

これからビートルズを本格的に聴いてみたい人たちに向けられた入門書であり、考察したい人のための再入門書になります。

あなたに効く15秒ストレッチ

水野安祥

鏡を見るなど「自分でできる」セルフチェック方法が載っています。自分の悪いところを知り、ストレッチする時間は、最短で十五秒。

教養として学んでおきたい能・狂言

葛西聖司

能や狂言という伝統古典芸能に親しみたい人の、敷居を下げる第一歩目のお手伝いをする本です。この本を片手に鑑賞に行きましょう。

勝てるアスリートの身体を作る栄養学と食事術

阿部菜奈子

スポーツ向きの身体を作る「食べかた」の指導することによって、「トレーニング時期に食べるといい食事は？」など、具体的に教えます。

教養として学んでおきたい5大宗教

中村圭志

宗教に関する必要最小限の解説と、「要するにどういうことか」を解説。さまざまな宗教を比較して考え、本質に切り込んだ宗教論も解説。

スーパーの食材で作るアジア7カ国の本格カレー

ヘーマ・パレック

アジアで食べられているスパイスカレーを、日本のスーパーで手に入る食材で再現するというコンセプト。著者は国際料理人です。

●著者プロフィール

藤原昌高（ぼうずコンニャク）。Webサイト「市場魚貝類図鑑 ぼうずコンニャク」を運営。日本全国の魚の調査をしているプロフェッショナル。

「ぼうずコンニャク」というのは、もともと「チゴメダイ」という魚の名前で、ぼうずコンニャクという名前に改名。その調査を始めたのがきっかけで、魚介類図鑑を作り始めた。

「市場魚貝類図鑑」は、人と関わりのある水産生物を全て掲載している。例えばブリ、呼び名や全体写真から、どんな料理法があるかなどが書かれていて、魚の辞書のような物。1万種類程度が掲載されている。

著書に『すし図鑑ミニ』『美味しいマイナー魚図鑑ミニ』（すべてマイナビ出版・刊）

ぼうずコンニャクの
全国47都道府県 うますぎゴーゴー！

2020年7月30日　初版第1刷発行

著者　藤原昌高（ぼうずコンニャク）
発行者　滝口直樹
発行所　株式会社マイナビ出版
〒101-0003　東京都千代田区一ツ橋2-6-3 一ツ橋ビル 2F
TEL　0480-38-6872（注文専用ダイヤル）
03-3556-2731（販売部）　03-3556-2735（編集部）
e-mail　pc-books@mynavi.jp
URL　https://book.mynavi.jp/

カバーデザイン　伊勢太郎（株式会社アイセックデザイン）
本文デザイン　藤原昌高
カバーイラスト　新居希予
編集　岩井浩之（株式会社マイナビ出版）
校正　株式会社鷗来堂
印刷・製本　中央精版印刷株式会社

ISBN978-4-8399-6256-2